GRAMMAIRE MUSICALE

Lagny. — Typographie de A. Varigault et Cie.

GRAMMAIRE MUSICALE

OU

INTRODUCTION

AUX SOLFÉGES, MÉTHODES DE CHANT ET D'HARMONIE

OUVRAGE ÉLÉMENTAIRE

A L'USAGE DE TOUTES LES MAISONS D'ÉDUCATION

PAR

J. MARTIN (D'ANGERS)

Ancien Maître de chapelle et Organiste accompagnateur de la paroisse impériale Saint-Germain-l'Auxerrois,
Ancien Professeur de musique et Chef de chœurs au Lycée impérial de Saint-Louis,
Et Auteur d'un Plain-Chant harmonisé,
Approuvé par la classe de musique de l'Institut.

DEUXIÈME ÉDITION

REVUE ET COMPLÉTÉE

PARIS

EN DÉPOT CHEZ E. LEDENTU

46, RUE MESLAY, 46

1861

AVANT-PROPOS

Jeunes élèves, je viens vous parler une langue dont l'étude approfondie et l'application continuelle ont fait le bonheur de toute ma vie d'artiste. Je viens vous apporter les fruits d'une longue expérience, la mise en ordre, l'amplification de *notes*, prises chaque jour, à chaque leçon, pendant un professorat de vingt-deux ans.

Puissé-je être assez heureux pour vous instruire sans vous ennuyer!

Afin d'arriver plus sûrement à ce résultat, j'ai adopté la forme de dialogues ou entretiens familiers entre le maître et l'élève.

Mon ouvrage est spécialement destiné aux maisons d'éducation.

Vous pourrez donc l'étudier avec vos professeurs de musique, dans les lycées, écoles normales, écoles supérieures, écoles communales, écoles chrétiennes, institutions, pensionnats, dans les sociétés chorales, orphéons, maîtrises, etc.

J'ose espérer aussi que ma *Grammaire musicale* sera utile aux mères de famille, qui y trouveront le moyen d'enseigner elles-mêmes les éléments de la musique à leurs enfants.

GRAMMAIRE MUSICALE

PREMIER ENTRETIEN.

SOMMAIRE. — Définition de la musique. — Du son qui n'est qu'un *bruit*, et du son *musical*. — Alphabet de la langue des sons. — Gamme ou échelle diatonique. — Ton. — Intervalles naturels de la gamme. — Écriture musicale. — Figures de notes; leur valeur intrinsèque et relative. — Point d'accroissement. — Triolets et sextolets.

LE MAÎTRE. Qu'est-ce que la musique?

L'ÉLÈVE. C'est la langue des sons (1).

— Qu'est-ce qu'un son?

— Tout ce qui frappe l'oreille.

— Y a-t-il plusieurs espèces de sons?

— Oui.

— Combien?

— Deux : le son qui n'est qu'un *bruit*, et le son *musical*.

— Qu'entend-on par *bruit*?

— Tout son que l'oreille perçoit sans en apprécier l'élévation ou l'abaissement, et qu'on ne peut imiter ni avec la voix ni avec aucun autre instrument de musique.

(1) Voici, pour les dilettanti, une définition plus complète :
« La musique est une langue universelle, donnée à l'homme par le Créateur, comme complément à la parole, pour exprimer des idées, des sensations qu'aucune autre langue ne peut traduire. »

— Qu'entend on par *son musical?*

— Celui que l'oreille peut apprécier et qui est susceptible d'être imité soit avec la voix, soit avec tout autre instrument de musique.

— Combien y a-t-il de sons musicaux?

— Sept.

— Quels noms leur a-t-on donnés?

— Ceux de : *do* (1), *ré, mi, fa, sol, la, si.*

— C'est donc là ce qui constitue l'alphabet musical?

— Oui, ces sept syllabes sont comme les *lettres* de la langue des sons (2).

— Et que produit cette succession de sons musicaux?

— Elle produit la *gamme diatonique* (3), qui renferme en elle-même le principe de toute la musique.

— Mais n'a-t-on pas besoin d'un huitième son pour compléter la gamme?

— Oui, l'on ajoute un *do* à la suite du *si;* ce *do* n'est que la répétition, le synonyme, du premier : il sert de repos au haut de l'échelle primitive comme l'autre en bas; c'est le point de section entre une première gamme et une seconde.

— Pourquoi donc comparez-vous la gamme à une échelle?

— Parce qu'on la monte et qu'on la descend par échelons. Cette échelle, qui se réduit à huit échelons, peut s'allonger indéfiniment en mettant deux, trois, quatre, cinq, six, sept et même huit gammes à la suite les unes des autres, comme dans l'instrument qu'on nomme *piano.*

— Ne peut-on pas encore assimiler la gamme à un escalier?

— Oui, puisqu'elle se compose de degrés.

(1) J'expliquerai plus tard pourquoi on dit *do* au lieu d'*ut.*

(2) Ceux qui ne sont pas musiciens doivent s'étonner qu'avec *sept* lettres en musique, tandis qu'il y en a *vingt-quatre* dans la langue française, on puisse obtenir des effets variés à l'infini. Mais il faut savoir que ces sept syllabes sont susceptibles de se multiplier par deux, trois, quatre, cinq, six, selon le nombre des gammes, dont l'échelle instrumentale surtout est fort étendue. Puis, les valeurs des notes, les rhythmes, les mesures, les mouvements, tout cela donne au discours musical une variété sans limites.

(3) *Gamme* vient de *gamma,* caractère de l'alphabet grec.

— Tous ces degrés sont-ils à une égale distance les uns des autres?

— Oui, à l'exception de deux : dans la gamme déjà connue, le premier degré est à la même distance du deuxième, que le deuxième du troisième, que le quatrième du cinquième, que le cinquième du sixième, que le sixième du septième.

— Et comment nomme-t-on chacun de ces intervalles égaux?

— On le nomme *ton.*

— Le ton exprime donc la distance qu'il y a entre deux notes consécutives, c'est-à-dire qui se touchent?

— Oui; seulement il y a deux tons moitié plus petits que les autres, qui se trouvent placés du troisième au quatrième degré et du septième au huitième : on les nomme *tons* comme les premiers, parce que qui dit *ton* dit *intervalle* primitif; or, ils forment des intervalles comme les autres; toutefois, par le fait, ils ne sont que des *demi-tons.*

— Rendez cette vérité plus sensible par une comparaison bien simple.

— Supposons que, dans un escalier, quelques marches soient moins hautes que les autres : en sont-elles moins des marches? Non; mais si vous élevez moins le pied pour monter celles-là, vous élèverez moins la voix pour monter ceux-ci.

— Pourquoi appelez-vous la gamme modèle *gamme diatonique* (1)?

— Parce qu'elle procède par tons, comme nous venons de le voir.

— Mais vous avez parlé d'*intervalle primitif* : il y en a donc d'autres?

— Certainement : il en est de la gamme comme d'un escalier; il y a un espace différent entre la première et la deuxième marche, entre la première et la troisième, entre la première et la quatrième, ainsi de suite.

— Quels noms a-t-on donnés à ces divers intervalles?

— Les noms tirés de la position respective des degrés. Ainsi,

(1) Je donnerai en temps et lieu l'étymologie ou dérivation du mot *diatonique.*

on nomme : *seconde,* l'intervalle de *do* à *ré;* troisième ou *tierce,* celui de *do* à *mi;* quatrième ou *quarte,* celui de *do* à *fa;* cinquième ou *quinte,* celui de *do* à *sol;* sixième ou *sixte,* celui de *do* à *la;* *septième,* celui de *do* à *si;* et huitième ou *octave,* celui de *do* à *do.*

— D'où vient le mot *octave?*

— Du mot latin *octava,* qui signifie *huitième;* tous les autres noms des intervalles dérivent également de la langue latine.

— Écrit-on la musique au moyen des syllabes *do, ré, mi, fa, sol, la, si,* comme on écrit les langues ordinaires avec les diverses combinaisons des lettres, formant des mots, des phrases, des périodes?

— Non : on l'écrit avec des *figures de notes.*

— Qu'est-ce qu'une figure de note?

— C'est le signe visible du son, la traduction muette, sur le papier, de sa durée et de sa position dans l'échelle diatonique : écrire ou *noter* la musique, c'est la même chose; de là le mot *notation.*

— Ces figures sont-elles nombreuses?

— Il y en a sept, autant que de sons musicaux.

— Leurs noms?

— *Ronde* 𝅝, *blanche* 𝅗𝅥, *noire* 𝅘𝅥, *croche* 𝅘𝅥𝅮, *double croche* 𝅘𝅥𝅯 *triple croche* 𝅘𝅥𝅰, *quadruple croche* 𝅘𝅥𝅱.

— Pourquoi tant de figures?

— Pour exprimer différentes durées, et varier à l'infini le rhythme musical.

— Ces durées sont-elles exactes, sont-elles soumises à des lois sévères?

— Très-sévères.

— N'ont-elles qu'une valeur *intrinsèque,* c'est-à-dire qui tient à leur nature, qui ne change jamais, ou ont-elles encore une valeur *relative?*

— Elles ont les deux.

— Expliquez cette singularité?

— Chaque figure indiquant une durée différente, elles conservent toutes et toujours une valeur intrinsèque les unes par rapport aux autres; mais, prises séparément, elles présentent une durée relative qui doit varier suivant le degré de lenteur ou de vitesse qu'on donne à un morceau de musique.

— Très-bien : ceci rentre dans le domaine des *mouvements,* dont nous parlerons plus tard. Mais, dites-moi, il n'y a donc pas de différence, en musique du moins, entre le mot *durée* et le mot *valeur?*

— Non, l'un implique l'autre; c'est tout un.

— Ceci vous prouve combien il est urgent de ne rien laisser passer, de tout soumettre au creuset de l'analyse et de l'étymologie; car le vocabulaire musical est bien pauvre, et grand nombre de ses termes techniques embarrassent les élèves en raison de la multiplicité de leurs acceptions si diverses. Il faut donc prendre à tâche de nous rendre compte de tout : c'est le seul moyen de marcher hardiment dans la pratique. Continuons notre entretien. —

— Quelle est la figure de note qui a le plus de valeur ou de durée?

— C'est la ronde.

— Comment la considère-t-on?

— Comme *unité,* c'est-à-dire comme n'étant point la division d'autres espèces de notes, et pouvant être elle-même divisée en plus ou moins grandes parties.

— Dites les valeurs des autres figures?

— La blanche vaut la moitié de la ronde; la noire, la moitié de la blanche; la croche, la moitié de la noire; la double croche, la moitié de la croche; la triple croche, la moitié de la double croche, et la quadruple croche, la moitié de la triple croche; ou bien, si l'on veut, la ronde vaut deux blanches, ou quatre noires, ou huit croches, ou seize doubles croches, ou trente-deux triples croches, ou soixante-quatre quadruples croches.

— Il est bien entendu, n'est-ce pas, qu'en disant : la ronde *vaut* deux blanches ou quatre noires, c'est comme si l'on disait : la ronde *dure* autant que deux blanches, autant que quatre noires, etc.?

— Oui, vous nous avez déjà fait faire cette importante remarque.

— N'a-t-on pas trouvé moyen, pour varier plus encore le rhythme (1) musical, d'augmenter la valeur de chacune des figures de notes?

— Oui.

— Quel est ce moyen?

— On place devant la note un petit point, qui augmente cette note de la moitié de sa valeur, et qu'on nomme pour cela même : *point d'accroissement.*

— Que vaut une ronde pointée?

— Elle vaut trois blanches, deux par elle-même et une par le point.

— Que vaut une blanche pointée?

— Trois noires, par la même raison. Ce procédé, appliqué à toutes les figures de notes, offre un résultat absolument semblable.

— Mais n'est-il pas possible de mettre plusieurs points à la suite les uns des autres?

— C'est très-possible; on en met souvent deux, quelquefois trois.

— Alors, une ronde doublement pointée vaudra quatre blanches?

— Non, elle ne vaudra que trois blanches et une noire.

— Comment cela?

— Parce que, le point prêtant toujours moitié plus de valeur à la note qui le précède, supposez, à la place du premier point, une note de la valeur de ce point, cette note *idéale* ne devra être augmentée que de moitié par le point suivant : donc, si une ronde est doublement pointée, le premier point vaudra une blanche et le second point une noire.

— Sauriez-vous prouver qu'une blanche, par exemple, armée de *cinq* points et même d'un plus grand nombre, ne pourrait jamais atteindre à la valeur d'une ronde si l'on n'ajoutait, après le dernier point, une note de la valeur de ce point?

(1) Voilà déjà deux fois que nous employons le mot *rhythme*. Prenez patience, vous en aurez bientôt l'explication.

— Oui, par l'espèce de figure géométrique que voici :

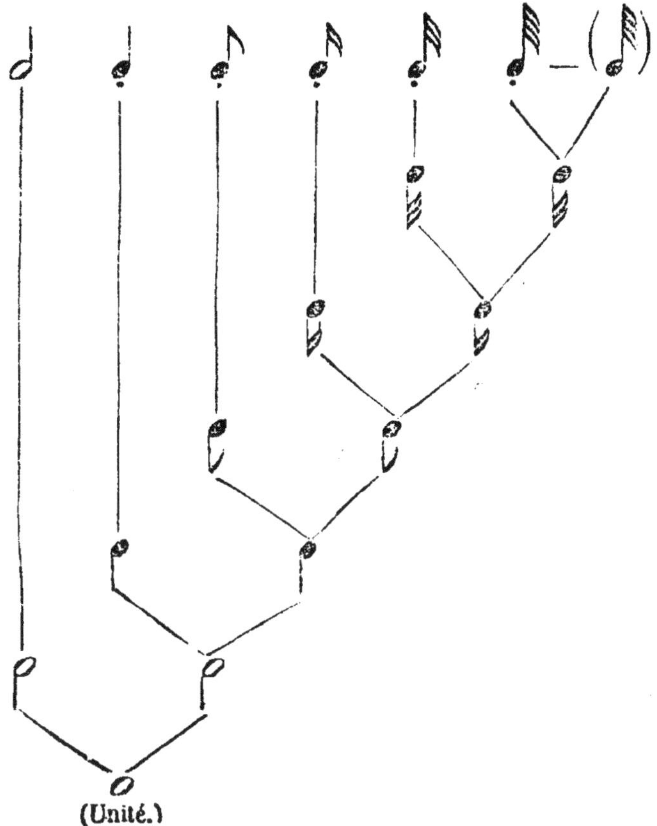

Si l'on n'eût pas ajouté une quadruple croche après le dernier point qui représente cette même valeur, la blanche, *quintuplement* pointée, eût toujours valu un soixante-quatrième de moins que la ronde, c'est-à-dire qu'elle n'aurait offert que la durée de soixante-trois quadruples croches au lieu de soixante-quatre.

— Voilà ce qui s'appelle mettre les points sur les *i*. Ne craignons pas, en fait de clarté, d'aller jusqu'à la minutie, au risque même de faire sourire les savants. Ces causeries ne sont pas à leur taille, mais à celle des enfants désireux de s'instruire.

— Maintenant que nous connaissons le moyen d'augmenter la valeur des notes, apprenez-nous (s'il existe) celui de les altérer dans leur durée?

— Pour obtenir ce résultat, il faut avoir recours aux *triolets.*

— Qu'est-ce qu'un *triolet?*

— Un *triolet* ou *triade* est un groupe de trois notes de même espèce qui s'exécutent dans le même temps que deux notes de cette même espèce; c'est pour cela qu'on le nomme aussi *trois pour deux.*

— Donnez-en un exemple?

— Trois noires qui se passent dans le même temps que deux noires.

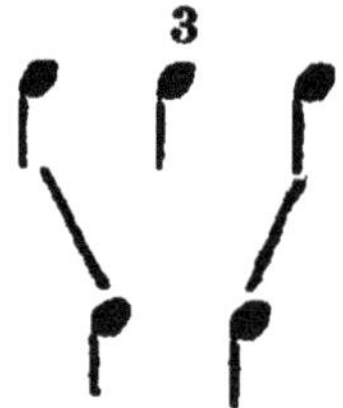

Trois croches qui se passent dans le même temps que deux croches.

— Complétez l'explication?

— Pour que trois figures semblables s'exécutent dans le même temps que deux autres figures pareilles, on est obligé d'altérer chacune des deux premières pour composer la troisième, et voilà ce qui donne un tout autre caractère au rhythme, ce qui l'enrichit beaucoup.

— N'existe-t-il pas aussi des *sextolets* ou *six pour quatre?*

— Oui; c'est tout simplement la réunion de deux triolets; de même qu'un *neuf pour six* est un faisceau composé de trois triades...

FIN DU PREMIER ENTRETIEN.

DEUXIÈME ENTRETIEN.

SOMMAIRE. — Figures de silence. — Leur rapport de durée avec les figures de notes. — Portée.

LE MAÎTRE. N'a-t-on pas inventé des *figures* de silence?

L'ÉLÈVE. Oui.

— Dans quelle intention?

— Pour remplacer, dans certaines circonstances, les figures de notes, et déterminer d'une manière précise, mathématique, le temps que les voix ou les instruments doivent rester muets.

— Combien y a-t-il de figures de silence?

— Sept, autant que de figures de notes.

— Quels sont ces silences ?

— La *pause* 𝄻, la *demi-pause* 𝄼, le *soupir* 𝄽, le *demi-soupir* 𝄾, le *quart de soupir* 𝄿, le *huitième de soupir* 𝅀 et le *seizième de soupir* 𝅁.

— Dites leur correspondance avec les figures de notes ?

— La pause correspond à la ronde, la demi-pause à la blanche, le soupir à la noire, le demi-soupir à la croche, le quart de soupir à la double croche, le huitième de soupir à la triple croche, et le seizième de soupir à la quadruple croche.

EXEMPLE : 𝅝 𝅗𝅥 𝅘𝅥 𝅘𝅥𝅮 𝅘𝅥𝅯 𝅘𝅥𝅰 𝅘𝅥𝅱
𝄻 𝄼 𝄽 𝄾 𝄿 𝅀 𝅁

— Qu'entendez-vous par cette correspondance ?

— Un rapport exact entre la durée des notes et des silences.

— Développez cette réponse ?

— Ainsi, par exemple, si l'on donne à la ronde une durée de

vingt secondes, il faudra donner à la pause cette même durée; si la ronde ne vaut ou ne dure que dix secondes, la pause n'en vaudra ou n'en durera pas plus : donc, si l'on veut se taire pendant la valeur d'une ronde, il sera nécessaire de la remplacer par une pause. Il en est de même de la blanche, qu'on remplacera par une demi-pause, de la noire, qui cédera sa place au soupir, etc.

— Très-bien! Ne craignez pas, au milieu de nos entretiens familiers, d'entrer dans les détails les plus minutieux : je vous donnerai moi-même l'exemple, dût-on m'accuser de simplicité. Poursuivons.

Puisque la pause vaut autant que la ronde; elle doit être considérée comme *unité* de silence?

— Oui; les autres ne sont que des fractions ou parties plus ou moins grandes de cette *unité*. Ainsi qu'on l'a expliqué pour les valeurs de notes, la pause vaut deux demi-pauses, ou quatre soupirs, ou huit demi-soupirs, ou seize quarts de soupir, ou trente-deux huitièmes de soupir, ou soixante-quatre seizièmes de soupir; de même, au résumé, qu'il faut mettre autant de temps à chanter ou jouer une ronde que soixante-quatre quadruples croches.

— Peut-on augmenter la valeur des silences comme celle des notes?

— Oui, par des points d'accroissement.

— Que vaut un soupir pointé? . . . 𝄽 •
— Trois demi-soupirs . . . . 𝄾 𝄾 𝄾
— Que vaut un demi-soupir pointé? . 𝄾 •
— Trois quarts de soupir . . . . . 𝄿 𝄿 𝄿

Le même procédé s'applique aux autres silences de moindre valeur.

— Mais nous n'avons parlé ni de la pause, ni de la demi-pause?

— On n'a pas l'habitude de les pointer.

— Pourquoi donc? on pointe bien la ronde et la blanche?

— Parce qu'il a plu aux inventeurs de la théorie musicale de le vouloir ainsi.

— Ce n'est pas logique. Quand vous avez à remplacer une ronde pointée par un silence équivalent, la pause pointée devient nécessaire; et la demi-pause pointée ne doit-elle pas correspondre à la blanche pointée?

— C'est parfaitement juste; mais ici l'usage fait loi.

— Acceptons donc l'usage. Quand nous parlerons des *mesures*, peut-être se trouvera-t-il des raisons pour justifier cette coutume. En attendant, tâchez de nous démontrer la nécessité, je dirai même l'agrément des silences. Il est bien acquis que les diverses figures de silence servent à remplacer les différentes figures de notes quand on veut se taire pendant un temps déterminé; mais, encore une fois, quel est le but, l'effet de cette singulière invention?

— Nous avons entendu dire que les silences étaient d'un effet admirable en musique; qu'ils remplissaient, sous plusieurs rapports, le même but que l'ombre dans un tableau; mais nous n'en savons pas davantage. Veuillez suppléer à notre ignorance bien pardonnable.

— Très-volontiers. Votre comparaison me plaît beaucoup; elle est juste, car les silences concourent puissamment à diverses nuances d'expression.

Vous n'ignorez pas que la musique est une langue et la plus harmonieuse de toutes les langues. Vous saurez plus tard que dans celle-là, comme dans les autres, il y a des phrases, des périodes, *le discours* enfin. Vous savez déjà que les repos y sont nécessaires et doivent être indiqués à l'œil par des signes spéciaux. Quand vous appreniez à lire votre langue maternelle, on vous faisait observer que la virgule marque un tout petit repos, que le point et virgule, les deux points, en demandent un plus grand, et que le point seul annonce la fin de la phrase, un repos complet. Il en est de même des silences; et dans certains cas, où il est difficile de leur trouver place, on y supplée par des virgules simples ou doubles pour aider à la respiration des chanteurs.

— Merci, je comprends à merveille.

— Je vais essayer de mettre en lumière les autres attributions des silences. Il est utile d'entrer, pour un instant, dans un domaine que nous visiterons plus tard en détail, celui des chants en chœur : mais, si petit musicien qu'on soit, on n'ignore pas que, dans les chœurs, il y a toujours un certain nombre de voix réunies; qu'elles sont divisées ordinairement en trois ou quatre groupes qui exécutent à la fois chacun des sons différents. Eh bien! si ces trois ou quatre groupes chantent sans cesse simultanément, deux inconvénients se présentent : la fatigue et la monotonie. Pour obvier à l'un et à l'autre, on fait souvent attaquer une phrase par un seul groupe, puis par un autre, puis par deux, par trois, enfin par quatre à la fois. Point d'effets sans variété!

Dans le courant d'un morceau de musique, à chaque instant on ménage un repos à l'une des parties chantantes pendant que les autres marchent; puis elle reprend son rôle, et l'une de ses compagnes jouit de la même faveur. Si donc il n'existait pas des signes de silence parfaitement égaux en valeur aux diverses figures de notes, comment chacun des groupes saurait-il où s'arrêter et où reprendre?...

— Voilà qui est clair comme le jour; j'aurais dû le deviner. Il reste encore un point assez obscur pour moi.

— Ah! oui : je vous ai dit que les silences concouraient puissamment à l'expression. Les questions subséquentes nous mettront peut-être à même d'en signaler plusieurs exemples; un seul suffit pour le moment. Une malheureuse mère vient de perdre sa fille; dans sa douleur inconsolable, elle se livre au plus affreux désespoir; les cris qu'elle fait entendre sont inarticulés; les sons de sa voix, entrecoupés par des sanglots, ne présentent ni suite ni liaison; la phrase meurt sur ses lèvres...

Si un compositeur veut peindre en musique cette scène déchirante, les silences lui viendront en aide. Qu'il détache toutes ses notes, qu'il les entrecoupe de soupirs ou de demi-soupirs, et, si la couleur de sa phrase est bien dans la situation, il devra à l'emploi des silences une grande partie de son succès.

— Encore une fois, merci. La lumière s'est faite dans mon esprit; continuez à m'interroger; j'ai la presque certitude de mieux répondre.

— Maintenant que nous connaissons parfaitement les signes principaux de l'écriture musicale, dites-moi comment on les emploie sur le papier ?

— D'abord on fait une petite préparation qui consiste à tracer cinq lignes horizontales et parallèles, c'est-à-dire tirées de gauche à droite et à égale distance les unes des autres.

Exemple :

— Quel nom donne-t-on à ces cinq lignes réunies ?

— Le nom de *portée*.

— Pourquoi ?

— Parce qu'elles servent à porter, à recevoir les notes.

— Les compte-t-on de haut en bas ou de bas en haut?

— De bas en haut.

— Les interlignes, ou, si vous voulez, les blancs qui sont entre les lignes, servent-ils à quelque chose?

— Ils sont tout aussi utiles que les lignes elles-mêmes.

— Pourquoi n'écrit-on pas la musique sur une seule ligne au crayon, ou même sans ligne aucune, comme la langue française, par exemple?

— Parce que la musique n'est pas une langue parlée, mais bien une langue chantée; parce que ses phrases suivent ordinairement une marche ascendante ou descendante, dont la gamme (échelle diatonique) est le principe, et que, par la position des notes sur la portée, l'œil perçoit de suite l'élévation ou l'abaissement du son.

— Mais n'existe-t-il pas une méthode de musique qui remplace les figures de notes par des chiffres, et qui, par conséquent, peut se passer de portées?

— Oui; c'est la méthode Galin-Paris-Chevé.

— N'en existe-t-il pas une autre ?

— Si, la méthode Danel.

— Vous avez raison. Il m'a été donné de l'examiner à fond, et je l'ai trouvée très-rationnelle. Bien que la première ne soit pas sans mérite, je préfère de beaucoup la seconde, qui peut rendre de grands services pour la propagande de la musique chorale parmi les masses.

Mais ce n'est pas ici le lieu d'insister davantage sur la valeur respective de ces deux méthodes. Contentons-nous, pour le moment, de celle dont se sont servi les plus illustres compositeurs depuis plus de deux siècles. Dans des temps plus reculés, on employait des *points* au lieu de notes. Ce qui faisait alors appeler l'*harmonie,* en latin, *punctus contra punctum,* c'est-à-dire point contre point, et en français, par abréviation, *contre-point.*

En temps et lieu, nous nous entretiendrons de la science harmonique, ou tout au moins de ses principaux éléments. Hâtons-nous de revenir à ce qui doit nous occuper à cette heure. —

— Les cinq lignes de la portée suffisent-elles pour l'étendue ordinaire de la voix et des instruments?

— Non; très-souvent on est obligé d'ajouter de petites lignes supplémentaires en dessus et en dessous de la portée.

Exemple :

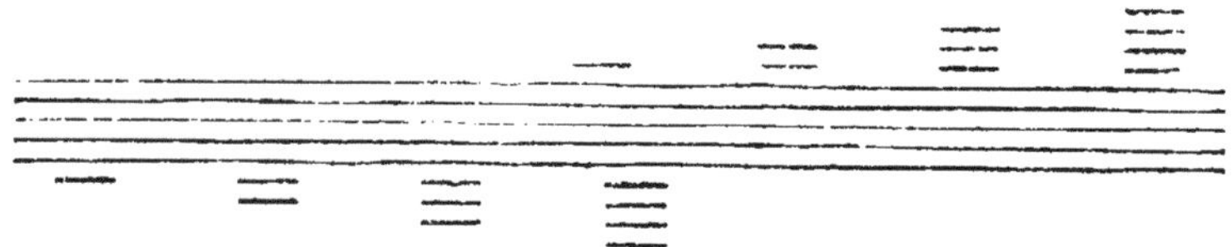

— Mais il eût été beaucoup plus simple de composer la portée de douze ou quinze lignes?

— On peut le croire au premier abord; mais en essayant de lire le nom des notes et de suivre leurs valeurs sur cette portée monstre, on reconnaîtra bientôt que la difficulté serait triple pour la vue, qu'elle serait même insurmontable, et qu'on a agi sagement en réduisant à cinq compartiments ce casier musical. Si l'on a besoin de lignes supplémentaires, on ne les fait point, le plus souvent, assez longues pour gêner la vue, et le but se trouve également rempli (1).

(1) Vers la fin du neuvième siècle le moine *Hucbaldus* avait inventé une espèce de *portée* nommée *organum,* et composée de quinze lignes.

FIN DU DEUXIÈME ENTRETIEN.

TROISIÈME ENTRETIEN.

SOMMAIRE. — Clés. — Moyen d'apprendre les notes. — Des différentes clés : en quoi elles sont utiles. — Diapason des voix et des instruments.

LE MAÎTRE. Ne se sert-on pas d'un signe caractéristique pour déterminer le nom des notes sur la portée?

L'ÉLÈVE. Oui.

— Comment le nomme-t-on!

— Clé.

— Pourquoi l'appelle-t-on ainsi?

— Parce qu'il sert à ouvrir l'entrée de la musique, comme une clé ordinaire, mise dans une serrure, sert à ouvrir une porte.

— Expliquez-vous.

— La clé prend le nom d'une des principales notes de la gamme; elle se place au commencement de chaque portée, sur une des lignes de cette portée; elle a le don de communiquer son nom à toute note qui se trouve placée sur la même ligne qu'elle : une fois ce point de départ établi, toutes les autres notes se trouvent à l'aide de celle-là.

— Ne craignez pas de trop appuyer sur cet ingénieux moyen, car, en avançant dans la route, vous reconnaîtrez qu'il engendre les plus curieuses combinaisons.

— Je m'efforcerai d'être lucide. Je disais donc tout à l'heure qu'avec le secours de la note, dont le nom se base sur celui de la clé, on arrivait facilement à connaître le nom de toutes les autres. Voici comment on procède :

Supposons la clé de *sol* (c'est celle qu'on apprend presque toujours en premier lieu); elle se place sur la seconde ligne de la portée, c'est-à-dire que la seconde ligne lui traverse le corps.

Nous savons déjà que les lignes se comptent de bas en haut; que les interlignes servent à recevoir les notes tout aussi bien que les lignes; que le *sol* est à peu près au milieu de la gamme, et que la note qui vient immédiatement après lui, quand on monte l'échelle, est un *la;* donc, si le *sol* est sur la seconde ligne, le *la* doit être entre la deuxième et la troisième, le *si* sur la troisième et le *do* entre la troisième et la quatrième.

— Très-bien; mais ceci ne représente que la moitié de la gamme.

— Je vais trouver le reste. Quand on est arrivé au *do,* échelon supérieur de la gamme, on revient sur ses pas et l'on dit : le *do* entre la quatrième et la troisième, le *si* sur la troisième, le *la* entre la troisième et la deuxième, le *sol* sur la deuxième... En descendant l'escalier vocal, quelle note vient immédiatement après le *sol?* C'est le *fa;* donc si le *sol* est sur la deuxième, le *fa* doit être entre la deuxième et la première, le *mi* sur la première, le *ré* juste au-dessous de la première, et le *do* d'en bas, ou octave inférieure, sur une petite ligne supplémentaire.

Exemple : gamme de *do* ascendante et descendante :

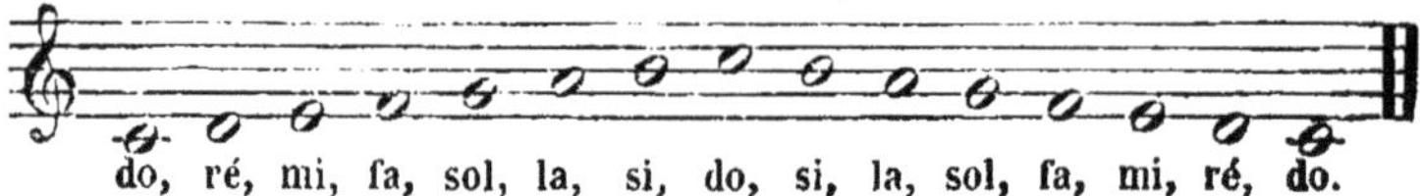

— Ceci nous semble très-facile à comprendre. En suivant ce procédé si simple, tout enfant, doué d'intelligence, devra connaître le nom et la position des notes dans une seule leçon. Les vingt-quatre lettres de l'alphabet de la langue française sont certes plus difficiles à apprendre. Votre explication est satisfaisante; ajoutez pourtant quelques observations pratiques qui achèvent d'éclaircir ce point capital.

— Les voici : j'ai prouvé que, seule, la clé servait à déterminer le nom des notes sur la portée en donnant à l'une d'elles le sien propre, qui règle celui de toutes les autres d'après leur position respective. Cette règle n'a pas d'exception : car, dans l'exemple précédent, ôtez la clé de *sol* et mettez à sa place ne clé de *do,* seconde ligne (nous verrons tout à l'heure ces différentes clés), la note qui s'appelait *sol* se nommera *do;* le *la* deviendra un *ré;* tout, enfin, sera métamorphosé complétement.

— Il y a donc plusieurs espèces de clés?

— Oui; il y en a de trois espèces : la clé de *sol*, la clé de *do* et la clé de *fa*.

— Pourquoi leur a-t-on donné ces noms-là plutôt que ceux des autres notes?

— Parce que ces notes représentent les trois sons fondamentaux de la gamme, et par conséquent de la musique elle-même.

— C'est vrai; mais n'entrons pas plus avant dans cette vaste e intéressante question, qui trouvera sa place naturelle quand nous nous entretiendrons de la formation des gammes et de leur parenté plus ou moins rapprochée. Cherchons, pour le moment, la raison de ces différentes clés dans les divers *diapasons* des voix et des instruments. Dites-nous d'abord ce qu'on entend par diapason (1)?

— On entend l'échelle de sons plus ou moins élevée, plus ou moins longue que chaque voix ou chaque instrument peut parcourir : cette dénomination convient encore à un petit instrument en forme de fourchette, dont la vibration produit le *la* en France, et le *do* en Italie, et qui sert à donner le ton dans les orchestres.

— C'est bien cela.

Jusqu'à la fin de 1858, il n'y a pas eu en France de diapason normal, de diapason-type. Les diapasons qui servaient de règle étaient ceux de l'*Opéra*, de l'*Opéra-Comique*, et des *Italiens*. Mais ils n'avaient point identiquement le même degré d'élévation. Celui de l'*Opéra-Comique* était le plus élevé, celui des *Italiens* le plus bas, et celui de l'*Opéra* tenait le milieu entre les deux. C'était une anomalie dont j'avais souvent prouvé le ridicule dans plusieurs écrits. Depuis 1859, grâce à l'initiative de M. Fould, ministre d'État et de la maison de l'empereur, ainsi qu'au zèle éclairé d'une commission *ad hoc*, nous avons un diapason uniforme, un diapason-type pour toute la France. Énumérez les divers diapasons des voix et des instruments?

— La souche de ces divisions se borne à trois grandes séries qui

(1) Son étymologie vient de deux mots grecs : *dià*, *pasón*.

se subdivisent en plusieurs autres moins importantes. Ces trois lignes de démarcation suffisent pour expliquer l'utilité des différentes clés; les voici : voix et instruments élevés, voix et instruments du *medium* (milieu), voix et instruments graves. La clé de *sol* et la clé de *do*, première ligne, servent pour la première série; la clé de *do*, troisième et quatrième ligne, sert pour la deuxième série; et la clé de *fa*, quatrième ligne, sert pour la troisième série.

— Les clés peuvent donc se poser sur plusieurs lignes?

— Oui; la clé de *sol* ne se pose que sur la deuxième; mais la clé de *do* se pose sur la première, la deuxième, la troisième et la quatrième; la clé de *fa* se pose sur la troisième et la quatrième. Ainsi, bien qu'on n'ait parlé que de trois clés, il y en a, par le fait, sept, autant que de notes.

— Pourquoi tant de clés?

— Pour beaucoup de raisons qui seront étudiées plus tard, mais en particulier pour la transposition.

— Très-bien; mais n'anticipons pas. Cette partie si importante de la théorie pratique sera longuement expliquée en temps et lieu. Faites-nous seulement voir que, par l'ingénieux emploi des clés, on arrive à écrire toutes les notes de la gamme sur une seule et même ligne.

— L'opération est toute simple; la voici :

Exemple :

— On ne peut mieux.

FIN DU TROISIÈME ENTRETIEN.

QUATRIÈME ENTRETIEN.

SOMMAIRE. — Raison mathématique de la position des diverses clés sur la portée. — Du rhythme. — De la mesure. — Barres de mesure. — Barres de séparation ou barres finales.

Le Maître. Rappelons-nous, d'abord, que la clé de *sol* ne se pose que sur la deuxième ligne, que la clé de *do* se met sur les quatre premières, et la clé de *fa* sur la troisième et la quatrième.

Pourquoi donc ne pas placer la clé de *sol* sur la première, la troisième, la quatrième et la cinquième, tout aussi bien que sur la deuxième?

L'Élève. Je vais essayer de le dire. Si l'on met la clé de *sol* sur la première ligne (on le faisait autrefois), elle ne donnera pas d'autre résultat que la clé de *fa* quatrième ligne; les notes auront le même nom; seulement, elles se trouveront par le fait une octave au-dessus. Si on la place sur la troisième ligne, elle sera en concurrence avec la clé de *do* première ligne, qui donne *sol* sur la troisième. La quatrième ligne ne lui convient pas mieux; elle y rencontrera le produit de la clé de *do* deuxième ligne, qui donne *sol* sur la quatrième. Si on va la percher sur la cinquième ligne, là, comme ailleurs, elle trouvera la place occupée : la clé de *do* troisième ligne donne *sol* sur la cinquième.

— Pourquoi la clé de *do* ne se place-t-elle pas sur la cinquième ligne?

— Parce que la clé de *fa*, troisième ligne, produit *do* sur la cinquième.

— Pourquoi la clé de *fa* ne se pose-t-elle ni sur la première, ni sur la deuxième, ni sur la cinquième ligne?

— Toujours par la même raison. La clé de *fa* sur la première ligne se disputerait le terrain avec la clé de *do* troisième ligne, qui produit *fa* sur la première. La clé de *fa* sur la deuxième ligne aurait maille à partir avec la clé de *do* quatrième ligne, qui donne *fa* sur la deuxième. Enfin la clé de *fa* sur la cinquième ligue se verrait forcée de se battre en duel avec la clé de *sol* deuxième ligne, qui donne *fa* sur la cinquième, et ne céderait pas sa place pour l'empire du monde.

— A merveille! Il faut avouer que la musique, regardée comme un art futile par les esprits superficiels, repose sur des bases solides, mathématiques; qu'on trouve, quand on s'en donne la peine, de bonnes raisons à toutes ses règles, et que la syntaxe est, à peu de chose près, très-logique... Passons maintenant à des questions plus intéressantes... Qu'est-ce que le rhythme?

— Le ryhthme, en musique, est la cadence produite par la répétition fréquente des mêmes valeurs dans différents groupes de notes.

— Donnez quelques exemples.

— Toutes les vieilles chansons populaires peuvent nous en servir :

J'ai du bon tabac dans ma tabatière...
Frère Jacques, dormez-vous?
Vive Henri IV...
Au clair de la lune...

et cent autres sur l'air desquelles on marche au pas parfaitement, parce que le rhythme en est franc, cadencé. La plupart des airs de danse, de ballet, dont on réjouit nos jeunes oreilles, nous disent encore toute la puissance, tout le charme du rhythme, qui est une des plus belles perles de l'écrin musical.

— Les anciens n'attachaient-ils pas une grande importance au rhythme?

— Oui, plus grande qu'à l'idée mélodique elle-même.

— Et les peuples sauvages?

— Le rhythme est ce qui les frappe davantage. Quant à leur musique, on dit qu'elle est aussi barbare que les pauvres musiciens qui s'en servent.

— Très-bien dit. Il y a quelques années, nous avons été à même de juger, à Paris, par échantillon du moins, de la précision, de la vigueur avec lesquelles ces hommes incivilisés marquent le rhythme sur leurs instruments à percussion. Pour ce qui est de leurs chants, ce sont plutôt des cris d'animaux féroces. Dites-nous ce qui peut le mieux nous donner une idée parfaite du rhythme musical?

— Le tambour qui bat le rappel ou la retraite; les forgerons, quand ils frappent en cadence sur leur enclume ; les batteurs de blé, quand ils font voltiger leurs fléaux qui retombent à tour de rôle sur les gerbes étendues dans l'aire ; le carillon des cloches; la danse des montagnards, et ces joyeux pas redoublés si bien enlevés par nos musiques militaires.

— Très-bien. Presque tous les chefs-d'œuvre de nos plus célèbres compositeurs modernes : Haydn, Mozart, Beethoven, Weber, Rossini et Meyerbeer, sont remarquables autant par l'originalité des rhythmes que par la beauté des conceptions mélodiques. A quoi le rhythme a-t-il donné naissance dans la notation musicale actuelle?

— A la mesure.

— Qu'entend-on par mesure?

— On entend généralement tout ce qui sert à mesurer, à diviser une étendue, une capacité, une durée quelconque. Ainsi, musicalement parlant, la mesure n'est autre chose que la division de la durée d'un morceau de musique en parties égales à l'aide de petites barres verticales qui indiquent cette séparation sur la portée, tout comme le carrelage d'une chambre marque ordinairement la division de cette chambre en distances semblables, tout comme les centimètres fractionnent le mètre en petites parties analogues, tout comme les minutes, indiquées sur un cadran, divisent l'heure en fractions égales, etc.

— Donnez un exemple du placement des barres de mesure sur la portée.

— Le voici :

— Pourquoi la dernière barre est-elle double?

— Pour indiquer la fin de tout le morceau de musique ou d'une partie du morceau supposé.

— Comment se nomment ces doubles barres?

— Barres de séparation ou barres finales.

— Servent-elles toujours de barres de mesure?

— Non, pas toujours; on les place tantôt à la fin, tantôt au milieu de la mesure, suivant que l'exige la position finale des différents points du discours musical.

— C'est bien. D'ailleurs nous reviendrons là-dessus quand nous en serons à la contexture des phrases et des périodes mélodiques. Si les mesures divisent le morceau de musique en durées égales, elles contiennent donc, chacune, en figures de notes ou de silence, une valeur identique absolument semblable?

— Oui.

— Donnez-en un exemple.

— Supposons que la ronde forme, à elle seule, une mesure entière; qu'on la considère comme *unité* de cette mesure et qu'elle soit en tête du morceau (1) : toutes les mesures qui viendront ensuite devront reproduire la valeur de cette ronde, et se composer : soit d'une pause qui équivaut à l'unité susdite; soit de deux blanches; d'une blanche et de deux noires; d'une demi-pause et d'une blanche; d'un soupir, d'une noire, d'un autre soupir et d'une autre noire; de quatre croches et d'une blanche; de quatre doubles croches et d'une blanche pointée; de quatre noires ou de huit croches, etc., etc... Exemple de *mesures identiques :*

— C'est très-bien.

(1) Nous avons oublié de dire que : Morceau de musique, pièce de musique, discours musical, ou œuvre musicale, c'est tout un.

FIN DU QUATRIÈME ENTRETIEN.

CINQUIÈME ENTRETIEN.

SOMMAIRE. — Mesures simples ou primitives; leur indication à la clé; leur unité de note et de silence. — Des temps. — Manière de battre la mesure.

LE MAÎTRE. Y a-t-il plusieurs espèces de mesures?

L'ÉLÈVE. Oui.

— Quelles sont les principales, les mesures modèles?

— Ce sont celles à quatre temps, à deux temps et à trois temps, c'est-à-dire à quatre, à deux ou à trois parties égales.

— Ne les qualifie-t-on pas de : *mesures simples ou primitives?*

— Oui.

— Pourquoi?

— Parce qu'elles ne dérivent point d'autres mesures (du moins dans l'écriture moderne), et qu'elles servent au contraire à en former un grand nombre. Il est à remarquer aussi qu'on les indique à la clé par un seul chiffre ou une seule lettre.

— Faites-nous connaître leur indication?

— La mesure à quatre temps s'indique par un C ou par un **4**; la mesure à deux temps, par un **2** ou un ₵ barré; la mesure à trois temps, par un **3**, ou par un **3** avec un **4** dessous $\frac{3}{4}$.

— Il est singulier qu'on ne se contente pas d'indiquer ces diverses mesures : la première, par un **4**; la seconde, par un **2**; la troisième, par un **3**. Que viennent faire ici ce C et ce ₵ barré? Si vous marquez la mesure à trois temps par $\frac{3}{4}$, pourquoi n'annonceriez-vous pas celle à quatre temps par $\frac{4}{4}$, et celle à deux temps par $\frac{2}{2}$? Du reste, il n'y aurait pas de mal à se servir, pour les trois mesures, de ces dernières indications : on comprendrait de suite que $\frac{4}{4}$ exprime quatre quarts : quatre quarts de quoi? De ronde, puisque la ronde est considérée comme *unité;* que $\frac{2}{2}$ exprime deux moitiés de ronde, et que $\frac{3}{4}$ exprime trois quarts de ronde. Grâce à l'exposé précédent, vous devez déjà connaître l'unité de chacune de ces mesures?

— Certainement. L'unité de la mesure à quatre temps, c'est la ronde ou la pause; l'unité de la mesure à deux temps, c'est également la ronde ou la pause, car quatre quarts, ou deux moitiés, n'offrent pas de différence; enfin, l'unité de la mesure à trois temps est une blanche pointée ou une pause. L'usage veut que la pause soit toujours unité de silence, lors même que la mesure ne se composerait que d'une noire pointée.

— Dans la théorie que vous venez de développer, la logique nous semble avoir été mise de côté. Écoutez bien : si l'unité de la mesure à deux temps est absolument la même que celle de la mesure à quatre, je ne vois pas trop la nécessité de la mesure à deux temps : c'est ce que les Italiens ont fort bien compris, car ils ne s'en servent jamais. D'ailleurs, nous saurons tout à l'heure qu'on est libre de battre à deux temps une mesure à quatre, et *vice versa* : donc, l'une va portant l'autre... Il y a dans la syntaxe musicale quelques grosses fautes contre le bon sens qu'on devrait faire disparaître à jamais. Je ne sais pas si ceux qui l'ont faite ont toujours gardé le leur dans un état normal. Il y aura, par la suite, d'autres anomalies à signaler... N'importe! poursuivons nos investigations. Nous avons parlé du *temps*, et nous n'avons donné de ce mot qu'une explication très-incomplète. Comblez cette lacune.

— De même que les mesures sont la division, en parties égales, de la durée d'un morceau de musique, de même aussi les temps sont la division, en parties égales, de la durée de chaque mesure : donc on nomme *temps* chaque partie d'une mesure, parce qu'on met un certain temps déterminé à exécuter cette partie du tout ou de l'unité de mesure.

— Maintenant, c'est clair comme le jour; allons plus loin. Parlez-nous des différentes valeurs de note et de silence qui peuvent entrer dans chaque temps de la mesure à quatre, à deux et à trois.

— Chaque temps de la mesure à quatre doit renfermer : soit une noire, ou deux croches, ou quatre doubles; soit un soupir ou deux demi-soupirs, ou quatre quarts de soupir. On peut encore mélanger ces fractions : mettre une croche et deux doubles, une croche pointée et une double, une double et une croche pointée, deux doubles et quatre triples, un triolet de croches, un sextolet de doubles, un demi-soupir et deux croches formant triade, etc... Les combinaisons de valeurs varient à l'infini. C'est une des plus grandes richesses musicales. De savants musiciens ont calculé qu'on pouvait en obtenir jusqu'à six mille... Chaque temps de la mesure à deux doit renfermer : soit une blanche ou deux noires, ou quatre croches, ou huit doubles; soit une demi-pause ou deux soupirs, ou quatre demi-soupirs, ou huit quarts de soupirs. En variant cette disposition primitive, on trouve les combinaisons suivantes : une noire pointée et une croche, ou une croche et une noire pointée; une croche, deux doubles et une noire; deux croches et quatre doubles; un soupir pointé et un triolet de doubles croches; un demi-soupir, une croche, quatre triples et deux doubles, etc. Les temps de la mesure à trois ressemblent entièrement à ceux de la mesure à quatre; donc ils reçoivent les mêmes valeurs.

— Revenons sur une question que nous n'avons fait qu'effleurer. Nous avons dit qu'une mesure à quatre temps pouvait se battre à deux, comme une mesure à deux pouvait se battre à quatre. Expliquez cette similitude.

— Puisque les deux mesures, comme on l'a vu déjà, possèdent la même *unité*, rien ne peut s'opposer à ce qu'on les divise indistinctement en quarts ou en moitiés; toutefois, si le mouvement est vif, il sera préférable de battre à deux temps, de quelque manière qu'elles soient indiquées à la clé.

— Très-bien. Mais vous ne nous avez pas dit ce qu'on entendait par *battre la mesure ?*

— C'est en marquer les différents temps par un mouvement de la main ou du pied.

— Comment bat-on la mesure à quatre?

— En frappant avec la main droite dans la main gauche, ou dans le vide, ou sur un objet quelconque au premier temps; en la portant à la gauche au deuxième temps; en la portant à droite au troisième, et en la levant au quatrième.

Exemple:

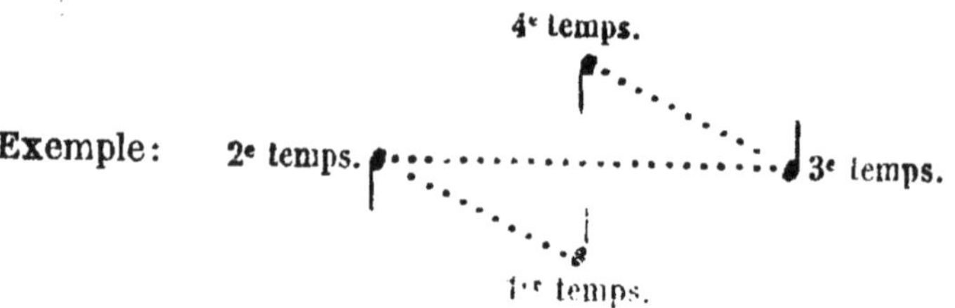

Le même exercice se répète à chaque mesure. Quand on est fort musicien, on suit la mesure instinctivement sans faire aucun mouvement de la main ou du pied.

— Comment bat-on la mesure à deux temps?

— En frappant et en levant.

Exemple :

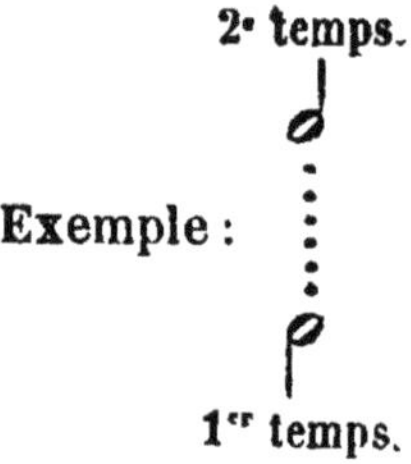

— Comment bat-on la mesure à trois temps?

— En frappant, coupant à droite, et en levant.

Exemple :

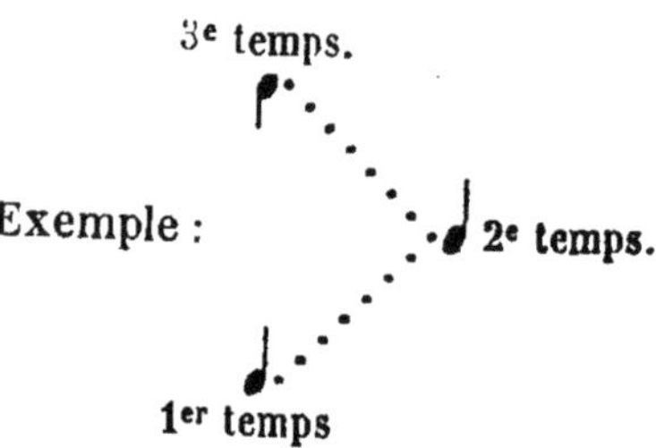

— Voilà qui est parfaitement expliqué...

FIN DU CINQUIÈME ENTRETIEN.

SIXIÈME ENTRETIEN.

SOMMAIRE. — Mesures composées et dérivées; leur rapport avec les mesures simples; fonctions de leurs chiffres indicateurs; leur unité de note et de silence; la division de leurs temps; leur utilité plus ou moins grande.

LE MAÎTRE. Vous avez dit que les mesures simples ou primitives avaient donné naissance à beaucoup d'autres mesures : ces dernières sont-elles de plusieurs espèces?

L'ÉLÈVE. Oui, de deux espèces : il y a les mesures *composées* et les mesures *dérivées*.

— Expliquez-nous ce qu'on entend par mesures *composées?*

— On entend celles dont l'unité est plus forte que la ronde; qui sont indiquées à la clé par deux chiffres placés l'un au-dessus de l'autre, et dont le supérieur est toujours plus considérable que l'inférieur.

— Développez cette réponse?

— Il faut savoir d'abord que, dans toute mesure composée ou dérivée, le chiffre inférieur indique en combien de parties la ronde est divisée, et le chiffre supérieur, combien on prend de ces parties pour composer la mesure. Supposons, par exemple, la mesure à douze-huit, qui est du nombre des mesures composées; son indication $\frac{12}{8}$ prouve ce que nous venons d'avancer : le 8 annonce des huitièmes de ronde; le 12, qu'on prend douze de ces huitièmes pour former la mesure.

— Qu'est-ce que ces huitièmes de ronde?

— Ce sont des croches, puisqu'il faut huit croches pour équivaloir à une ronde.

— Douze huitièmes de ronde?

— Douze croches.

— Quelle est l'unité de cette mesure?

— Une ronde pointée.

— Donnez un exemple de quelques-unes des combinaisons de valeurs qui entrent dans cette mesure ?

— Le voici. Exemple :

— Vous comprenez bien maintenant que c'est une mesure composée, puisque son unité est plus forte que la ronde?

— Sans doute.

— Que faut-il pour chacun de ses temps ?

— On le comprend déjà par l'exemple qui précède. Il faut, pour chacun de ses temps, soit une noire pointée, ou trois croches, ou six doubles ; soit un soupir pointé, ou trois demi-soupirs, ou six quarts de soupir, etc.

—Quelle est la source de la mesure à $\frac{12}{8}$?

— La mesure à quatre temps.

— Quelle différence y a-t-il entre les deux?

— Une différence de rhythme et de valeur.

— Où voyez-vous la première?

— Non dans la division de la mesure, qui est semblable, mais dans la division du temps, qui tranche tout à fait. Ainsi, chaque temps de la mesure à $\frac{12}{8}$ présente une division *ternaire* (en trois), tandis que chaque temps de la mesure à 4 nous montre une division *binaire* (en deux); les notes n'offrent plus à l'oreille la même cadence. Il y a dans la mesure à $\frac{12}{8}$ un balancement, une ondulation qu'on ne rencontre point dans la mesure à 4; c'est plus vaporeux, plus idéal. On dit que Meyerbeer affectionne ce genre de mesure, et qu'il en a su tirer un admirable parti. Rossini lui a emprunté des effets tout aussi merveilleux.

— Existe-t-il d'autres mesures composées?

— Oui, nous les énumérerons tout à l'heure; mais, à notre époque, il n'y en a qu'une d'aussi usitée que la mesure à $\frac{12}{8}$.

— Quelle est-elle ?

— C'est la mesure à $\frac{9}{8}$, neuf huitièmes de ronde, par conséquent neuf croches ou leur équivalent pour toute la mesure.

— Quelle est son unité?

— Une blanche pointée, unie par un demi-cercle à une noire pointée.

Exemple : 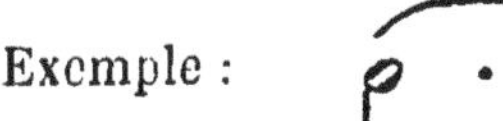

Nous savons qu'il n'y a pas de figure de note qui vaille neuf croches.

— Cette mesure n'offre-t-elle pas le même rhythme que la mesure à $\frac{12}{8}$?

— Absolument le même.

— Où prend-elle sa source?

— Dans la mesure à trois temps.

— Qu'est-ce qui la distingue de cette mesure?

— Nous croyons l'avoir dit en faisant observer que son rhythme ressemble à celui de la mesure à douze-huit.

— Quelles sont les autres mesures composées dont plusieurs auteurs, amoureux des vieilleries, font encore usage aujourd'hui et qu'on employait très-fréquemment autrefois, dans le seul but de paraître savant, d'envelopper la science d'un certain mystère?

— Ce sont les mesures à

$$\frac{12}{4}, \frac{2}{1}, \frac{4}{2}, \frac{6}{4}, \frac{3}{1}, \frac{3}{2} \text{ et } \frac{9}{4}.$$

— Sont-elles très-nécessaires?

— Non, car elles ne changent rien au rhythme des mesures plus usitées qui leur correspondent. Il n'y a point de différence pour l'oreille mais seulement pour l'œil : donc on peut très-bien s'en passer.

— A merveille! Pourquoi ne pas simplifier quand l'effet n'en souffre pas? Le lecteur est plus à l'aise : il se trouve sur son terrain. Pourquoi le mener par des chemins inconnus qui n'abrégent pas la route, et dans lesquels il risque à chaque instant de s'égarer? C'est une manie, particulière aux faux savants, de fermer le temple aux profanes. Ils ressemblent trop, ces ennuyeux érudits, aux prêtres bouddhistes dont la Chine elle-même se moque aujourd'hui.

— Qu'entend-on par mesures *dérivées?*

— On entend celles dont l'unité est moins forte que la ronde, qui sont indiquées à la clé par deux chiffres placés l'un au-dessus de l'autre, et dont le supérieur est toujours moins considérable que l'inférieur : c'est absolument l'inverse des mesures composées : nous ne croyons pas utile de répéter ici les mêmes observations que pour ces dernières.

— Donnez des exemples de mesures dérivées?

— Celle à $\frac{2}{4}$ vient en premier lieu : nous savons déjà, par analogie, que le 4 exprime des quarts de ronde, et que le 2 indique qu'il faut deux de ces quarts pour composer la mesure entière.

— Quelle est la figure de note qui sert d'unité à cette mesure?

— C'est la blanche.

— Quelle est son unité de silence?

— C'est la pause.

— Comment, la pause? mais la pause équivaut, en durée, à la ronde et non à la blanche?

— C'est vrai; mais une ancienne coutume l'emporte encore ici sur le bon sens. La pause est considérée comme unité de silence dans toute espèce de mesures, quelle que soit l'unité de note. Ainsi l'on mettra tout aussi bien une pause dans la mesure à $\frac{2}{8}$, composée seulement d'une noire, que dans celle à $\frac{2}{1}$ qui renferme deux rondes; déjà cette observation avait été faite.

— En lisant de telles absurdités, les vrais savants doivent avoir une pauvre idée de nos théoriciens. N'importe; on ne se charge pas ici de rebâtir l'édifice, mais seulement de l'examiner en détail. Essayons donc, sans porter nos vues plus haut, d'en mieux disposer l'intérieur, de le rendre plus habitable. Continuons nos recherches. Que faut-il pour chacun des temps de la mesure à $\frac{2}{4}$?

— Soit une noire ou deux croches, ou quatre doubles; soit un soupir, ou deux demi-soupirs, ou quatre quarts de soupir, etc.

J'ai déjà fait remarquer que l'on pouvait combiner ces valeurs et d'autres de mille manières.

— D'où vient cette mesure ?

— De la mesure à deux temps.

— Quelle différence y a-t-il entre les deux?

— Une différence de moitié pour la vue, mais aucune pour l'ouïe.

— On pourrait donc se passer de la mesure à deux temps?

— Oui, comme nous l'avons dit plus haut, et tout aussi bien que les Italiens s'en passent.

— Quelles sont les autres mesures dérivées dont on se sert habituellement?

— Ce sont celles à $\frac{3}{8}$ et à $\frac{6}{8}$.

— Parlez-moi d'abord de celle à $\frac{3}{8}$?

— Les chiffres indicateurs de cette mesure expriment trois huitièmes de ronde, par conséquent trois croches ou leur équivalent pour toute la mesure, une croche par chaque temps, ou une noire pointée pour unité.

— Quelle est son unité de silence?

— Toujours une pause, en dépit du sens commun.

— D'où dérive cette mesure?

— De la mesure à trois temps.

— Quelle différence y a-t-il entre la mère et la fille?

— Une différence fictive. La mesure à $\frac{3}{8}$ est à la mesure à $\frac{3}{4}$ comme celle à $\frac{2}{4}$ est à la mesure à 2.

— Quel inconvénient y aurait-il à se passer de la mesure à $\frac{3}{8}$?

— Aucun : seulement il y a peut-être un avantage, pour les compositeurs, à conserver ces mesures, en apparence inutiles. Le génie est fantasque : la musique se nourrit beaucoup d'idéal. Souvent, m'a a-t-on dit, on trouve, en se servant des mesures à $\frac{3}{8}$ ou à 2, ce qui eût toujours échappé si l'on eût employé celles à 3 ou à $\frac{2}{4}$.

— Ces réflexions sont fort justes. Conservons donc ce qui existe, mais sachons tout réduire, en théorie, aux plus simples éléments. Ce sera le seul moyen qu'elle nous conduise tout droit à la pratique, sans laquelle la plus belle théorie serait stérile. Dites-moi un mot de la mesure à $\frac{6}{8}$?

— Cette mesure est de la même famille que celles à $\frac{12}{8}$ et à $\frac{9}{8}$: aucune différence dans la division des temps, et, conséquemment, dans leur rhythme.

— Qui lui a donné naissance?

— La mesure à deux temps.

— N'a-t-elle pas un certain rapport avec la mesure à $\frac{2}{4}$, quand celle-ci procède par triolets de croches?

— Oui; mais les croches du $\frac{6}{8}$ sont des huitièmes de ronde, tandis que les croches-triades du $\frac{2}{4}$ ne sont que des douzièmes de ronde. Il y a donc altération dans les secondes et point dans les premières. C'est donc un rhythme différent.

— La mesure à $\frac{6}{8}$, prise dans un mouvement vif, n'a-t-elle pas un caractère essentiellement dansant?

— Oui.

— Ne se prête-t-elle pas aussi très-bien à la barcarolle, à la sérénade?

— Oui, de même que la mesure à 3 ou à $\frac{3}{8}$ est l'essence de la valse, de la tyrolienne et du menuet.

— Il y a pourtant des valses à deux temps?

— Oui, et même à cinq; mais nous préférons l'ancienne à trois temps.

— Dans le domaine de la danse, quelle est la part de la mesure à $\frac{2}{4}$?

— Sa part est fort belle. Elle a surtout triomphé lors de la grande vogue de la polka, danse peut-être la plus séduisante par son rhythme et ses figures qui jamais ait été en honneur sur le théâtre et dans les salons. La mesure à $\frac{2}{4}$ est forcément reine dans la contredanse.

FIN DU SIXIÈME ENTRETIEN.

SEPTIÈME ENTRETIEN.

SOMMAIRE. — Résumé des mesures composées et dérivées. — Règles à suivre pour savoir comment battre toutes les mesures. — Importance de la mesure à cinq temps; son avenir.

LE MAITRE. Résumez, je vous prie, tout ce que vous avez dit sur les mesures composées et dérivées?

L'ÉLÈVE. C'est très-facile : les mesures composées sont celles qui présentent une unité plus forte que la ronde et qui sont indiquées à la clé par deux chiffres placés l'un au-dessus de l'autre, et dont le supérieur est plus considérable que l'inférieur ; comme $\frac{12}{8}$ et $\frac{9}{8}$. Les mesures dérivées sont à l'inverse des précédentes : leur unité est toujours moins forte que la ronde et le chiffre d'en haut toujours moindre que celui d'en bas, comme $\frac{2}{4}$, $\frac{6}{8}$ et $\frac{3}{8}$.

— Maintenant, y a-t-il des règles à suivre pour savoir, par la seule inspection des chiffres indicateurs, à combien de temps on doit battre n'importe laquelle de ces mesures composées ou dérivées?

— Oui ; ces règles sont au nombre de trois. Voici comment on procède pour obtenir le résultat demandé. C'est, du reste, le conseil que donne Wilhem dans sa théorie : 1° Si le chiffre supérieur est pair et divisible par quatre, on bat la mesure à quatre temps.

Exemple : $\frac{12}{4}$, $\frac{12}{8}$, $\frac{4}{2}$.

2° S'il est pair, mais seulement divisible par deux, on bat la mesure à deux temps.

Exemple : $\frac{2}{1}$, $\frac{2}{4}$, $\frac{2}{8}$, $\frac{6}{4}$, $\frac{6}{8}$.

— Ces deux dernières mesures, pourrait-on dire, sont susceptibles d'être divisées par trois tout aussi bien que par deux?

— Oui, sans doute; mais alors elles perdraient le rhythme cadencé qui leur est propre, et deviendraient tout simplement des mesures à trois temps. 3° Si le chiffre supérieur est impair et divisible par trois, on bat la mesure à trois temps.

Exemple : $\frac{9}{4}, \frac{9}{8}, \frac{3}{8}, \frac{3}{16}$.

— Bravo !... Nous voilà très-éclairés sur la nature, la parenté. l'emploi de toutes les mesures existantes. Réduisez le chiffre de ces mesures aux plus essentielles, à celles dont on ne peut se passer.

— C'est un travail on ne peut plus simple, et qui se trouve ébauché dans le cours de cet entretien. Les mesures essentielles sont : celles à **4**, à **3**, à $\frac{2}{4}$, à $\frac{6}{8}$, à $\frac{12}{8}$ et à $\frac{9}{8}$.

— Et la mesure à cinq temps, dont vous ne n'avez pas dit un mot?

— Je l'avais oubliée.

— Elle mérite pourtant bien qu'on s'en occupe sérieusement.

— Vous avez raison, car elle a plus d'avenir que toutes les autres.

— Comment cela?

— Parce que, d'abord, elle est très-originale, et qu'ensuite certains compositeurs l'ont prise pour un faux diamant, tandis que c'est une pierre précieuse de la plus fine eau. Mettez-la entre les mains d'un habile lapidaire, et bientôt il reconnaîtra qu'elle vaut des monceaux d'or.

— Donnez-moi sa définition?

— C'est un composé de la mesure à **3** temps et de la mesure à $\frac{2}{4}$.

— Quelle est son unité ?

— Une blanche pointée jointe par un demi-cercle à une blanche simple.

Exemple : 

— Que lui faut-il pour chaque temps?

— La même chose qu'à la mesure à **4**.

— Comment se bat-elle?

Comme la mesure à **3** et à **2**.

Exemple :

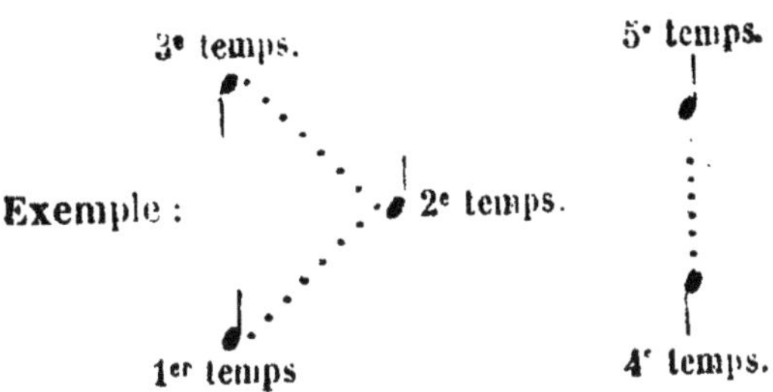

— N'a-t-on pas un moyen de diviser, en quelque sorte, ces deux mesures qui n'en font qu'une?

— Oui; par des zigzag. Exemple :

— Quel est le compositeur français qui le premier, je crois, l'ait employée dans une œuvre lyrique?

— C'est Boïeldieu. Dans *la Dame blanche* se trouve un morceau du plus bel effet, écrit à la mesure à cinq temps.

— N'avez-vous pas dit que cette mesure avait beaucoup d'avenir?

— Oui; j'en ai souvent entendu parler.

— Écoutez. En fait d'idées musicales, le nouveau devient excessivement difficile : on a tant fouillé dans tous les coins de la mine, qu'il faut être bien fin pour y découvrir quelque chose. Sans doute l'homme de génie aura toujours le secret de faire une abondante moisson, là même où le vulgaire ne trouvera pas de quoi glaner; mais les natures privilégiées sont rares; à l'égal des comètes, elles n'apparaissent qu'à de longs intervalles. Il convient donc de puiser à d'autres sources, d'interroger quelque nouveau terrain. Le rhythme a des trésors inépuisables. Déjà ses immenses domaines ont été plus ou moins bien explorés; les plus audacieux en ont enlevé des parcelles; mais il est encore riche, très-riche, et se prête gracieusement aux dévastations. La mesure à $\frac{5}{4}$ est capable de le ruiner; car elle a besoin de rhythmes originaux; elle en consommera tant qu'il plaira aux auteurs de lui en donner. Avis aux plus habiles!...

Allons! cette mesure, de fraîche date, finira par détrôner les autres, ou, tout au moins, leur fera bientôt une terrible concurrence, si notre jeune école, suivant en cela l'exemple de Meyerbeer, cherche des effets, de la variété, du coloris, dans le domaine du rhythme aussi bien que dans celui des sonorités.

C'est un procédé très-ingénieux, au moyen duquel on cache la nudité des idées mélodiques. La richesse des draperies fait oublier le génie absent. Mais si vous avez tout à la fois l'inspiration et la grande habileté dans l'emploi des procédés mécaniques, vous triompherez sur toute la ligne.

Nous disions donc que la mesure à cinq temps était appelée à faire de grandes conquêtes. On a déjà vu, il y a quelques années, la valse à cinq temps; on la dansait à Londres comme à Paris. Mais c'est surtout dans les grandes œuvres lyriques que cette mesure originale peut faire enfanter des merveilles. Que les compositeurs entrent franchement dans cette voie nouvelle qui leur est ouverte. Il n'est jamais prudent de mépriser les trésors que le ciel nous envoie. La langue musicale était déjà bien partagée : qui sait si ce nouveau mode d'exploitation ne doublera pas sa puissance? Je ne crains pas de le répéter, les ressources du rhythme sont incalculables...

Vous nous avez dit, tout à l'heure, que les mesures essentielles étaient celles à **4**, à **3**, à $\frac{2}{4}$, à $\frac{6}{8}$, à $\frac{12}{8}$ et à $\frac{9}{8}$; ajoutons-y celle à $\frac{5}{4}$ dont nous venons de parler. Croyez-vous qu'avec ce petit nombre de mesures on puisse composer toute espèce de musique?

— Oui.

— Rien n'oblige donc à revenir à ces anciennes mesures qui exigeaient d'autres figures de note, comme la *longue*, la *maxime* et la *brève?*

— Rien, absolument rien.

— Puisqu'il en est ainsi, je vote pour la suppression même des mesures actuelles qui ne sont pas de nécessité. Voici sur quoi je m'appuie :

Faites à un enfant une dictée musicale sur les valeurs de la mesure à quatre; après une courte explication, il comprendra facilement qu'il faut une ronde ou une pause pour unité, une blanche ou une demi-pause pour deux temps, une noire ou un soupir pour un temps. Mais si vous répétez ce même travail sur les valeurs de la mesure à deux temps, et que vous lui disiez : « Il faut encore une ronde ou une pause pour unité ; seulement « vous mettrez une blanche ou une demi-pause par chaque « temps au lieu d'une noire ou d'un soupir ; vous mettrez quatre « croches au lieu de deux, huit doubles au lieu de quatre » ; à moins d'une grande intelligence, il sera très-longtemps à vous comprendre. Il en est de même de la mesure à $\frac{3}{8}$ par rapport à la mesure à **3** temps ; de celle à $\frac{6}{4}$ par rapport à celle à $\frac{6}{8}$; de $\frac{2}{1}$ par rapport à $\frac{2}{2}$; de $\frac{9}{16}$ par rapport à $\frac{9}{8}$, etc. Efforçons-nous donc d'éclairer la route au lieu de l'obscurcir ; que son parcours soit rendu facile à tout le monde, aux esprits incultes comme aux natures d'élite. Il faut bien le dire, quoique ce soit un aveu pénible à faire, on a trouvé chez des individus, assez nuls du reste, le sentiment musical développé à un très-haut degré. J'en ai vu des exemples frappants que je citerais au besoin. La nature est si bizarre ! et puis le sens musical semble distinct des cinq autres. Certainement une riche organisation, qui possède ce sixième sens, est plus complète ; mais on a remarqué souvent chez des hommes d'un grand mérite l'absence totale de ce don de la nature. Je ne serais point encore embarrassé pour en fournir des preuves vivantes.

Donc, puisque la musique est une langue à part, qui demande une disposition organique toute particulière, qu'on peut rencontrer chez un homme de peu d'esprit, il est urgent de la rendre accessible aux plus petites intelligences, de la débarrasser du pédantisme, du fatras des écoles.

N'en faisons pas un mystère impénétrable ; ouvrons la porte du temple à deux battants ; que le flot du peuple s'y précipite ; que tous se nourrissent de ses chants divins, et apprennent, par elle, à devenir meilleurs !..

FIN DU SEPTIÈME ENTRETIEN.

HUITIÈME ENTRETIEN.

SOMMAIRE. — Du mouvement en musique ; ses indications, ses variétés.

Nous allons entrer de pied ferme dans le domaine des *mouvements;* il est voisin de celui des mesures : ce sont des frères et sœurs qui aiment toujours à se trouver ensemble.

LE MAITRE. Qu'entend-on, en musique, par *mouvements?*

L'ÉLÈVE. On entend le degré de lenteur ou de vitesse qu'on donne à la mesure, et conséquemment au morceau lui-même.

— Y a-t-il plusieurs sortes de mouvements?

— Il y en a trois principaux.

— Quels sont-ils?

— Les mouvements lents, les mouvements modérés et les mouvements vifs.

— Ne s'indiquent-ils pas à la clé, c'est-à-dire au commencement et en dessus de la première portée, par des mots italiens?

— Oui.

— Pourquoi pas par des mots français?

— Je n'en sais rien.

— Et moi pas davantage.

Il est vrai que l'Italie est la terre classique des arts, le berceau de la musique moderne ; mais l'admiration qu'on doit avoir et que j'ai, tout le premier, pour la patrie des Michel-Ange et des Raphaël, des Palestrina, des Marcello et des Rossini, ne justifie pas un usage tout au moins fort singulier.

En effet, la langue française est parlée dans toute l'Europe musicale et beaucoup plus répandue que la langue italienne. Très-souvent on est obligé de mettre le mot français en regard du mot italien, pour faciliter, chez nous, l'intelligence des mouvements et des nuances. Nos compositeurs semblent s'étudier à prodiguer dans leurs œuvres ces expressions exotiques, à choisir parfois les moins populaires, les plus inutiles; de sorte que l'exécutant perd un temps considérable à se frapper le front pour deviner ce que l'auteur a voulu dire. « Mais, répliquera-t-on, c'est l'usage, et l'usage fait loi. » Belle réponse, en vérité! Pourquoi donc ne pas changer les lois quand elles sont mauvaises? On ne doit respecter que ce qui est vraiment respectable.

La France, qui est si riche sous tous les rapports, a la manie de toujours emprunter quelque chose aux langues plus ou moins euphoniques de ses voisins.

A cet égard, aujourd'hui plus que jamais, nous sommes tributaires de la Grande-Bretagne. La science, la mode, les comestibles, les chemins de fer, la marine, nos modernes tournois, tout va demander un nom générique, un mot type à cette langue anglaise, assurément fort utile, mais très-difficile à prononcer pour la généralité des Français! C'est une sorte de fureur qui ne paraît pas devoir se calmer de sitôt...

N'importe! acceptons avec tranquillité même ce qui choque le bon sens.

Dites-moi par quels mots italiens on indique, à la clé, les mouvements lents?

— Par les mots : **grave, largo, larghetto, lento, adagio.**

— Et les mouvements modérés?

— Par les mots : **andante, andantino, moderato**.

— Et les mouvements vifs?

— Par les mots : **allegro, allegretto, presto, prestissimo, vivace.**

— Réduisez ce chiffre à la plus stricte nécessité? Nommez le principal indicateur de chacun des mouvements types?

— **Adagio, andante, allegro.**

— Vous voyez qu'il en est des mouvements comme des mesures; on les a prodigués sans urgence aucune. Le moindre souci des théoriciens a été de simplifier la syntaxe. Prouver leur science plus ou moins indigeste a été, le plus souvent, leur seule ambition. Ils ne songeaient à rien moins, ces messieurs, qu'à populariser la musique; et cependant ce doit être là le but de tous les musiciens progressistes. Continuons. Expliquez-moi tous les termes italiens énumérés en premier lieu?

— Le mot **grave** signifie grave, majestueux ; c'est le plus lent de tous les mouvements, celui qu'on emploie de préférence dans les morceaux graves de musique sacrée.

Le mot **largo** signifie largement; il jouit à peu près des mêmes avantages que le **grave.**

Le **larghetto** n'est autre chose que le diminutif de *largo,* par conséquent il exprime un degré de moins de lenteur; il est aussi beaucoup en usage dans le genre religieux.

Le mot **lento** se traduit, comme tout le monde le sait, par lentement. C'est encore un proche parent du *largo*. Beaucoup de compositeurs les emploient indistinctement.

Le mot **adagio**, qui veut dire doucement, commodément, est aujourd'hui considéré comme le type des mouvements lents dans la musique moderne.

Nouvelle preuve de ce que vous avanciez tout à l'heure, à savoir : l'inutilité de tant de mots indicateurs qui expriment intrinsèquement la même chose.

Andante, qui vient du verbe *andare,* aller, marcher, exprime un mouvement modéré ; c'est absolument le pas d'une personne qui marche sans se presser.

Andantino, diminutif d'*andante,* indique un peu plus de vitesse; il implique en même temps, d'après l'usage, l'idée d'une exécution gracieuse, qui, du reste, est plus explicite quand on lui adjoint le mot *grazioso.*

Moderato veut dire tout naturellement mouvement modéré.

Allegro, qui vient d'*allegrezza,* joie, signifie mouvement rapide, gai ; la gaieté n'est jamais lente.

Allegretto, diminutif d'*allegro*, veut nécessairement dire moins vite. On n'aurait pas tout à fait tort de le classer parmi les mouvements modérés.

Presto signifie vite.

Prestissimo, très-vite : le plus rapide de tous les mouvements.

Vivace, vif.

Allegro vivace exprime la même rapidité que le *prestissimo.*

Allegro moderato, vitesse tempérée.

Allegro maestoso, vif et majestueux, implique une certaine idée de grandeur, un caractère de majesté dans l'exécution.

Allegro con fuoco, avec feu, indique de la chaleur, de l'entraînement.

Allegro scherzando, en badinant, demande de la légèreté, de l'entrain.

Allegro con brio, brillant, demande une exécution brillante, à effet.

Allegro presto, *allegro* très-vif.

Allegro marziale, mouvement de marche, demande le caractère résolu, accentué, d'une marche militaire, mais d'une marche plus vive qu'elles ne le sont ordinairement.

Allegro giocosamente, agréablement, à peu près la même signification qu'*allegro scherzando*.

Allegro assai, vitesse assez marquée.

Allegro non troppo, vitesse modérée.

Allegro ma non tanto, même signification.

Allegro molto, grande vitesse.

Poco adagio, un peu moins lent qu'*adagio*.

Adagio sostenuto, lenteur soutenue pendant tout le morceau; c'est-à-dire qu'il ne faut ni presser ni ralentir à certains moments.

Andante con moto, *andante* un peu mouvementé.

Andante / **Andantino** } **grazioso,** { *andante* / *andantino* } gracieux.

Andante con anima, avec âme, sentiment.

Andante affectuoso, *andante* affectueux.

Largo doloroso, mouvement large et expression triste.

Andante maestoso, *andante* majestueux.

Andante religioso, *andante* religieux.

Andante mosso, *andante* animé.

Andante quasi allegretto, presque le mouvement de l'*allegretto*...

— Arrêtez-vous ici. Cette énumération est fort longue et deviendrait fatigante; nous la continuerons dans l'entretien suivant.

FIN DU HUITIÈME ENTRETIEN.

NEUVIÈME ENTRETIEN.

SOMMAIRE. — Suite des indications et variétés du mouvement; son influence sur le rhythme, sur l'essence de l'œuvre musicale.

LE MAITRE. Continuez l'énumération des mots indicateurs du mouvement?

L'ÉLÈVE. Très-volontiers. M'y voici :

Poco presto, un peu vite.

Più presto, plus vite.

Rallentando, en ralentissant.

Ritardando, en retardant.

Ritenuto, en retenant le mouvement.

Comodo, commodément, à l'aise.

Cantabile, chantable, un peu moins lent qu'*adagio,* demande qu'on chante ou qu'on joue avec grâce. *Adagio* et *cantabile* vont souvent de compagnie.

Brioso, vif, éclatant.

Accelerando, en accélérant le mouvement.

Stringendo, en serrant le mouvement.

Ad libitum, à volonté.

A piacere, à plaisir.

Poco a poco, peu à peu.

Siciliano, mouvement de sicilienne (chant national de la Sicile), assez semblable à l'*andante,* mais d'un rhythme plus marqué.

Alla pollaca, mouvement de polonaise (chant national de la Pologne), est un *allegretto* animé.

Alla capella, alla breve, sorte de mesure à **2** temps, très-vive, dont on se servait beaucoup autrefois dans les finales de la musique sacrée, et qui se composait ordinairement d'une ronde pour chaque temps, et quelquefois d'une blanche seulement. Cela dépendait du caprice des compositeurs.

Alla militare, à la militaire, c'est-à-dire avec le caractère qui convient à ce genre de musique.

Tempo di marcia, le même caractère que l'*allegro maestoso.*

Tempo giusto, mouvement modéré, convenable au morceau.

Tempo di minuetto, mouvement de menuet, c'est-à-dire *allegro* animé.

Tempo primo, premier mouvement, indique de revenir au degré de lenteur ou de vitesse qu'on avait adopté d'abord, et dont on s'était écarté selon l'exigence des diverses nuances du morceau de musique.

Alla francese, à la française, àl a mode, à l'usage de notre pays.

Furia francese, mot à mot : *fureur française,* c'est-à-dire, entraînement, spontanéité, élan français.

Imperioso, d'une manière magistrale, grandiose.

Morbidezza, mollesse, c'est-à-dire avec la délicatesse italienne. Le chant des Italiens, dans la bonne école, est plus délicat, plus suave, plus fin que celui d'aucune nation policée.

Saltellando, en sautillant, en badinant. Cette indication convient surtout à la musique bouffe : elle suppose des notes pointées ou piquées.

Con fantasia, capriccio, avec verve, en mettant dans son jeu, dans son chant, de la fantaisie, du caprice.

Mouvement de valse. Dans notre *Vocabulaire musical,* nous ne voyons pas de mots italiens pour indiquer ce mouvement. Que n'en est-il de même pour tous les autres ! Les pauvres élèves, comme moi, n'auraient pas tant à se fatiguer la mémoire et l'intelligence !...

— Vous avez mille fois raison. Quant à la valse, elle n'est point du tout italienne, ou du moins son origine ne vient pas plus de la patrie de la Cerrito que de la France ou de l'Angleterre : elle est née en Allemagne, et n'a été importée chez nous que vers 1790. Les compositeurs qui ont donné le plus d'éclat à la valse allemande sont, d'abord : Beethoven et Weber ; puis, plus tard, dans un genre moins idéal, moins poétique, mais très-entraînant, très-cadencé, Strauss (de Vienne), Labitsky et Lanner.

La valse française a eu de nobles représentants : Hérold, Auber, Adolphe Adam, Marcailhou, Jacques Herz et quelques autres ont parfois rivalisé avec les meilleurs compositeurs allemands.

Rentrons dans notre sujet. Tous ces termes exotiques, que vous avez traduits assez exactement, sont-ils du pur italien ?

— Pas tous, je crois.

— Je suis de votre avis. La faute n'est imputable qu'aux théoriciens. Ils en ont surchargé nos vocabulaires pour se donner un air de science qui, chez eux, n'était pas toujours de bon aloi.

Résumons :

Ces mouvements si divers, qu'on applique indistinctement à toutes les mesures, viennent à l'appui de ce que nous disions dans notre premier entretien, au sujet de la valeur *intrinsèque* et *relative* des figures de note. Ainsi, par exemple, si, dans un *adagio,* la ronde dure vingt secondes, dans un *andante,* elle n'en durera que dix, et seulement cinq dans un *allegro.*

Ceci n'est qu'approximatif, mais suffit pour vous prouver quelle richesse et quelle variété renferment les sept figures de notes; quel admirable parti on peut en tirer!...

Joignez à cela ces milliers de combinaisons de sons que j'ai déjà signalées, et vous serez émerveillé du don précieux que nous fit le Créateur en mettant cette langue sublime à la portée de notre petite intelligence.

Revenons à notre but principal. Quelle est la puissance des mouvements, leur influence sur le rhythme?

— Cette puissance est si grande qu'en changeant, par exemple, l'indication primitive, et en mettant *allegro* à la place d'*adagio,* l'on donne au morceau vocal ou instrumental un cachet, une couleur tout différents : par ce seul fait, il est entièrement dénaturé : vous pouvez transformer une œuvre sérieuse, un *Kyrie* même, en contredanse. Le rhythme est soumis au mouvement comme à la mesure, bien qu'il ait donné naissance à cette dernière. Chaque différente nuance dans le mouvement en amène une dans le rhythme.

— Dites-moi un mot du *métronome?*

— Pour que l'exécutant ne défigure pas à sa guise l'idée première du compositeur, on a inventé le *métronome,* instrument à balancier qui indique mathématiquement le mouvement normal d'une pièce de musique.

— Très-bien. Nous en reparlerons plus tard...

FIN DU NEUVIÈME ENTRETIEN.

DIXIÈME ENTRETIEN.

SOMMAIRE. — De l'expression. — Des nuances. — De l'accent. — Leurs indications par mots et par figures ; leur importance dans le discours musical.

Le Maitre. Qu'est-ce que *l'expression?*

L'Élève. C'est l'art de donner à la phrase musicale le sentiment, la couleur qui lui conviennent.

— Qu'entend-on par *nuance?*

— On entend le degré de force ou de faiblesse qu'on donne au son.

— Comment s'indique les nuances?

— Par les mots italiens suivants : **piano ou dolce,** doux (*P.* ou *Dol.* par abréviation.)

Pianissimo, ***PP,*** très-doux.

Mezzo piano, à demi voix.

Mezza voce ou **sotto voce,** à demi-voix, sous la voix.

Forte, *F*, fort.

Fortissimo, *FF*, très-fort.

Mezzo forte, à demi-fort.

Crescendo, *Cres.* < en augmentant graduellement le son.

Decrescendo, *Decres.* > en diminuant graduellement le son.

— Ne réunit-on pas souvent ces deux signes d'expression ?

— Oui.

— Que produit cet accouplement?

— Un *son filé.*

— Qu'est-ce qu'un son filé?

— Le son filé <>, qu'on nomme aussi *msie de voix, port de voix,* parce qu'il sert à la bien poser, est l'action de commencer le son très-doux, de l'augmenter peu à peu jusqu'au *fortissimo,* et de le diminuer peu à peu jusqu'au *pianissimo.*

Exemple :

PP *P* *MF* *F* *FF* *F* *MF* *P* *PP*

— Très-bien : vous voyez que les deux barres s'éloignent l'une de l'autre, s'écartent à mesure que le son augmente, et qu'elles se rapprochent, se resserrent à mesure qu'il diminue.

C'est au sage emploi de ces figures qu'on doit une grande partie des nuances de l'expression.

Le passage subit du doux au fort, ou du fort au doux, produit aussi des effets surprenants... C'est ce qui fait naître des contrastes inattendus.

— Le *crescendo* ou le *decrescendo* ne doivent-ils embrasser qu'une note à la fois?

— Ils peuvent s'étendre sur des phrases, des périodes entières. Les œuvres de Rossini, de Félicien David, de Berlioz, en offrent mille exemples remarquables.

Voici les preuves élémentaires.

Première preuve :

C'est ainsi qu'on doit vocaliser sur les voyelles *a*, *e* ou *o*, la gamme, en filant chacun des sons qui la composent.

Deuxième preuve :

— N'est-ce pas là ce qui donne à l'orchestre (1) une puissance colossale?

(1) On entend par *orchestre* la réunion de tous les instruments à cordes, à vent et à percussion (l'orgue et le piano exceptés, bien qu'on les y admette quelquefois), dont on se sert pour accompagner les voix au théâtre, à l'église ou dans les concerts. On emploie aussi l'orchestre seul

— Oui, certainement.

— Connaissez-vous d'autres mots indicateurs des nuances?

— Oui : **sforzando** ou **rinforzando** (par abréviation : *Sforz.* ou *Sf. Rinf.*, ou *Rf.*), qui signifient : en renforçant le son subitement, sans préparation.

Smorzando ou **dimimuendo** (par abréviation: *Smorz.*, *Dimin.*), qui signifient : en laissant le son mourir, s'éteindre peu à peu.

Calando, perdendosi, estinto, morendo, même signification.

Legato, lié.

Staccato, détaché.

Portamento, en portant la voix.

Con gusto, avec goût.

Con grazia, avec grâce.

Con delicatezza, avec délicatesse.

Con calore, avec chaleur.

Con forza, avec force.

Caldamente, chaudement.

Ben marcato, bien marqué.

— Très-bien. Certains compositeurs dramatiques, mais surtout les auteurs de musique de piano, se sont creusé le cerveau pour trouver bien d'autres mots italiens plus ou moins barbares. Il me serait facile de vous en donner la liste, mais vous la trouveriez fastidieuse, et à peu près inutile. Une douzaine de termes français pouvaient remplacer, avec avantage, cette longue liste d'indications italiennes.

N'importe, subissons une mode ridicule et continuons.

N'ajoute-t-on pas quelquefois à l'indication du mouvement d'un morceau, celle non moins essentielle de l'expression générale qui doit l'animer?

— Oui, nous l'avons déjà vu dans l'entretien précédent.

—Donnez encore quelques exemples de ce mariage bien assorti.

pour exécuter des symphonies. Toutefois, le mot *symphonie* vient de *sun* et *phonè*, en grec, qui signifient : concert de voix et d'instruments. C'est ce qu'a compris David en introduisant des chœurs dans sa belle symphonie *le Désert*, et, bien avant lui, Beethoven, dans son immortelle *Symphonie héroïque*.

— Nous en choisirons de très-concluants.

Allegro spiritoso, annonce très-bien que l'œuvre musicale doit être interprétée avec esprit, finesse, gracieuseté.

Largo languidamente n'indique-t-il pas à merveille une certaine langueur, un certain abattement dans l'exécution?

Adagio expressivo : rien ne peut mieux nous apprendre que le morceau exige beaucoup d'âme, qu'il doit parler au cœur, impressionner vivement l'auditoire.

— Mais si ces mots sont mis au hasard à la tête d'une composition insignifiante, comme une belle enseigne devant un magasin mal assorti?

— C'est à l'interprète, s'il a du génie, de savoir trouver de vraies diamants au milieu du strass, de donner la vie à ce cadavre, de le galvaniser. J'ai entendu dire que Paganini faisait ainsi sur le violon, comme Talma, Rachel, la Ristori, dans la tragédie; mademoiselle Mars, dans la comédie; Frédéric Lemaître, dans le drame; Malibran, Grisi, Falcon, Lablache, Rubini, Tamburini, Levasseur, Nourrit, Duprez, dans les opéras.

— Il faut donc du génie, plus qu'un talent hors ligne, pour interpréter une œuvre musicale d'une certaine importance?

— Il en faut presque autant que pour la créer; autrement elle est dénaturée par le chanteur ou l'instrumentiste. Celui qui a le génie de l'interprétation, fait ressortir les beautés cachées ou légèrement indiquées. Tout en respectant les idées de l'auteur, il nous fait, pour ainsi dire, assister à une seconde création. Le compositeur ne peut tout prévoir. Certaines finesses de détail, certaines nuances lui échappent : l'habile virtuose (1) les devine. Il ne change pas l'ensemble, les proportions, la décoration du monument; il y ajoute, avec tact, quelques ornements oubliés, une certaine couleur qui le fait ressortir davantage...

(1) Ce mot s'applique, en musique, à ceux qui possèdent un talent parfait d'exécution dans le chant comme dans le jeu des instruments.

FIN DU DIXIÈME ENTRETIEN.

ONZIÈME ENTRETIEN.

SOMMAIRE. — Des notes d'agrément : *l'appoggiature*, le *mordant*, le *grupetto*, le *trille*.

Le Maitre. Nous avons déjà vu ce qui regarde l'expression, les nuances, l'accent. Dites-moi ce qui concourt encore, d'une manière remarquable, à l'ornementation musicale ?

L'Élève. Ce sont : 1° Les *notes d'agrément*, comprises dans les dénominations suivantes : *appoggiatura, mordente, grupetto;* 2° Les *trilles*, les *roulades*, les *points d'orgue;* 3° Les *piqués*, les *coulés* et les *syncopes;* 4° Enfin, les *dièzes*, les *bémols* et les *bécarres*.

— Procédez par ordre, et dites-moi d'abord ce qu'on entend par *appoggiatura?*

— Ce mot vient du verbe italien *appoggiare*, appuyer, qu'on a traduit musicalement par *appoggiature*.

— Ceci nous donne l'explication du mot lui-même, mais ne nous apprend pas pourquoi on l'applique à la note d'agrément dite *petite note*. Donnez-moi donc la définition de la petite note simple, ainsi que la raison péremptoire de cette singulière dénomination.

— C'est une note de surcroît, d'une toute petite figure, comme l'indique son nom, et qui se produit sous la forme, tantôt d'une noire, tantôt d'une croche, et tantôt d'une double-croche. On l'accole à une grosse note qu'elle précède toujours.

— A quelle distance est-elle de cette grosse note ?

— Parfois à la distance d'un ton en dessus ou en dessous ; mais, le plus souvent, elle n'en est éloignée que de quatre *comma*.

— Que veut dire ce mot?

— Il signifie la *neuvième partie d'un ton*.

— Cette petite note a-t-elle une valeur intrinsèque en elle-même ou par elle-même?

— Non ; elle emprunte à sa voisine, dans certains cas, un huitième seulement de sa valeur ; dans d'autres, la moitié ; parfois, les deux tiers.

— Rendez ceci plus explicite.

— Si la petite note est traversée d'une barre, elle prend à peine la huitième partie de la grosse note qui la suit.

Exemple :

Si elle n'est pas barrée, et qu'elle précède une grosse note non pointée, elle s'approprie la moitié de la valeur de cette dernière.

Exemple :

Si elle accompagne une note pointée, elle lui enlève, à son profit, les deux tiers de sa valeur.

Exemple :

— Que signifient ces lignes courbes que vous placez entre la petite et la grosse note?

— Ce sont des *liaisons* ou *coulés;* elles servent, comme leur nom l'indique, à lier les notes entre elles ; on coule, pour ainsi dire, d'une note sur l'autre.

— Pourquoi donc affectez-vous encore à la note d'agrément un signe de *decrescendo?*

— Pour indiquer qu'on doit appuyer sur la petite note plus que sur la grosse ; qu'il faut attaquer un peu fort la première et diminuer le son pour arriver sur la seconde. Voilà précisément ce qui justifie le nom d'*appoggiature* qu'on a donné à la petite note.

— L'appoggiature ou la note *appoggiaturée* (pardon du néologisme), a-t-elle au moins un nom qui lui soit propre?

— Non, elle l'emprunte encore à la grosse note qu'elle précède; c'est une espèce de parasite qui vit du bien d'autrui.

— Mais elle apporte sans doute quelque chose en retour?

— Oui, car elle orne le discours musical en donnant un certain accent, une couleur particulière à la phrase. Le chanteur et l'instrumentiste lui doivent des remerciements : en mille occasions elle les fait briller.

— Quand la petite note est barrée, ne la baptise-t-on pas d'un nom qui la peint à ravir?

— On l'appelle *jetée;* en effet, lorsqu'on exécute ce genre d'agrément, on semble jeter le son, s'élancer de la petite à la grosse.

— Ne peut-on pas placer ce genre de petite note à une tierce, et même à une sixte en dessus ou en dessous de la note principale?

— On le peut très-bien; rien n'empêche de la placer même à d'autres distances, surtout dans la musique instrumentale.

Exemple :

— Que signifie *mordente?*

— Mordant, du verbe *mordere,* mordre. Ce terme, pris au figuré, s'applique à une double petite note qui s'emploie beaucoup dans les passages brillants : quand on l'exécute, il semble qu'on pénètre dans le son, qu'on y mord comme une vrille mord dans du bois. La répétition fréquente de cet ornement imprime à la phrase un caractère d'énergie remarquable, quelque chose d'original, de très-accentué.

Exemple :

Comme on le voit, il est souvent possible d'indiquer cette espèce d'agrément par un zigzag : c'est le signe abréviateur.

— Qu'entend-on par *grupetto ?*

— On entend un petit groupe de trois, quatre ou cinq notes d'agrément qu'on appelle vulgairement *tour de gosier,* parce qu'en effet le chanteur tourne autour de la note avant de l'atteindre.

Exemple :

— D'où vient le mot *trille?*

— Du substantif italien *trillo,* qui signifie roulade, fredon ; le trille est en effet le principe de la roulade. C'est ce que nos bons pères avaient, bien à tort, appelé *cadence.*

— Donnez-moi une définition du trille.

— « Le trille, comme dit Garaudé, consiste dans le battement alternatif de la note sur laquelle il est placé avec une autre à un degré au-dessus. Quand il est bien exécuté, il doit faire entendre une espèce de martellement lié. » On pourrait le comparer à un roulement de tambour. Pour apprendre l'un comme l'autre, il faut d'abord détacher lentement les deux coups de gosier ou de baguette, puis augmenter la vitesse du battement par gradation jusqu'au *presto.* Un virtuose donnera seul une idée parfaite de cet ornement qui doit être perlé. Rien n'était plus ravissant que de voir madame Persiani ou madame Damoreau se jouer à travers cette fine dentelle, voltiger d'un trille à un autre comme l'abeille de la rose au jasmin...

C'est un genre d'agrément qui demande une longue étude : il est plus difficile encore pour la voix que pour les instruments. Les mauvais chanteurs, au lieu de trilles, font entendre des chevrotements qui n'en sont que la parodie, et sont formés par secousses et en tremblotant.

— Donnez quelques exemples du trille.

— En voici plusieurs :

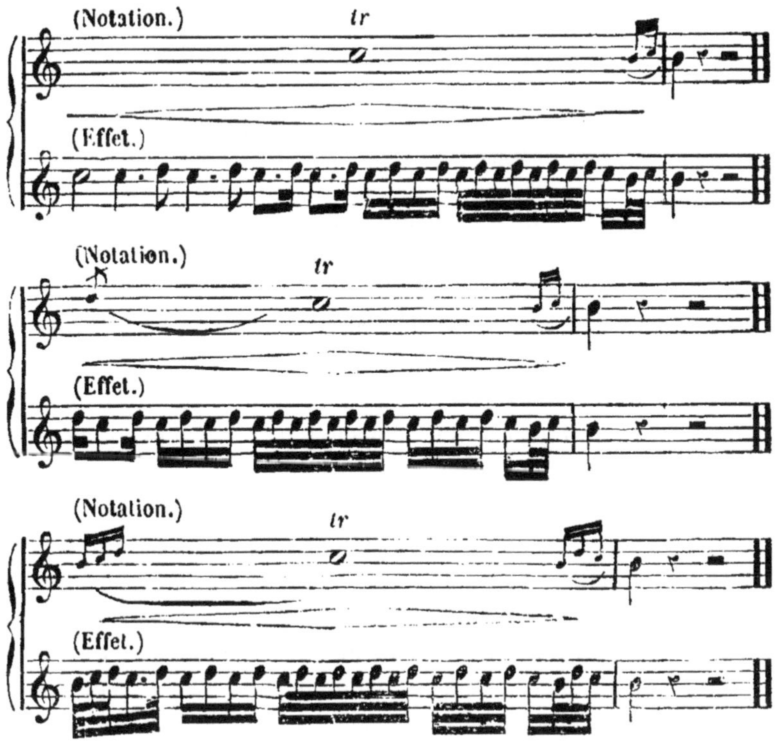

— Très-bien. Je vois que vous avez pris ces exemples dans l'excellente méthode de chant de l'auteur cité plus haut.

Les deux lettres *tr.* sont l'abréviation du mot *trille.* On place sous la note qui reçoit cet ornement le signe du son filé, parce qu'il ajoute beaucoup d'effet au trille lui-même.

FIN DU ONZIÈME ENTRETIEN.

DOUZIÈME ENTRETIEN.

SOMMAIRE. — De la roulade. — Du genre diatonique, chromatique et enharmonique. — Point d'orgue ; son étymologie ; ses variétés.

Le Maître. Quelle est l'origine du mot *roulade?*

L'Élève. Ce mot vient de ce que la voix semble rouler de haut en bas, *et vice versâ*, en exécutant sur une seule syllabe des traits rapides, des gammes chromatiques, etc.

— D'où vient le mot *chromatique?*

— Du substantif grec *chrôma*, qui signifie *couleur*. En effet, une gamme chromatique est plus colorée (figurativement), plus nuancée qu'une gamme diatonique.

— Pourquoi cela?

— Parce que ses degrés sont plus rapprochés les uns des autres, se fondent davantage ensemble, puisque l'on coupe chacun des tons de la gamme chromatique en deux parties : l'une composée de cinq *comma* (neuvièmes de ton), et l'autre de quatre.

— Comment nomme t on chacune de ces parties inégales?

— On les nomme *demi-tons :* pour que cette dénomination fût logique, il faudrait égalité dans chaque partie.

— Vous avez raison. Nous avons déjà des données sur les *genres diatonique* et *chromatique;* en existe-t-il un troisième?

— Oui : c'est l'*enharmonique.*

— Qu'entend-on par ce mot?

— Les Grecs entendaient un genre de musique qui procédait par quarts de ton. Comme la musique moderne n'offre pas de ces petits intervalles dans l'échelle des sons, le genre enharmonique n'est employé que pour les transitions d'accords, les feintes d'harmonie.

— Très-bien. Ceux qui veulent étudier à fond la musique des Grecs ne peuvent mieux faire que de lire le savant ouvrage, publié, dans les *Annales de l'Académie des sciences*, par M. Vincent, un des membres les plus distingués de l'Institut de France...

Je reviens à ce qui nous occupe et complète votre explication. Par l'enharmonique, une note change de nom sans changer de son, du moins sur le piano, qui est accordé par tempérament, c'est-à-dire par quintes et octaves faibles, à peu près justes; car, avec la voix ou tout autre instrument de musique, il doit y avoir un *comma* de différence. Anticipons un instant : *do dièze*, comme vous le saurez plus tard, est à cinq *comma* au-dessus de *do naturel*, et *ré bémol* à quatre seulement. Eh bien! *do dièze* et *ré bémol* sont regardés, sur le clavier, comme synonymes, comme parfaitement semblables, et forment *enharmonique* lorsqu'on passe du premier au second ou du second au premier. Cette curieuse transformation, quand elle est bien ménagée, produit des merveilles musicales; mais l'excès en tout est un défaut. Nous étudierons l'*enharmonique* plus au long quand il en sera temps. Revenons aux roulades. A quel genre de musique conviennent-elles?

— Au genre léger. Les airs d'opéra, les morceaux de concert sont tous plus ou moins riches de ce genre d'ornement qui fait souvent plus applaudir les chanteurs que le fond même d'une mélodie délicieuse. En dehors des vrais dilettanti, le public aime les tours de force ou d'agilité.

— N'abuse-t-on pas quelquefois des roulades?

— Oh! certainement, et rien n'est plus insipide qu'une profusion de roulades, lors même qu'elles sont exécutées avec une rare perfection.

— Servent-elles à l'expression du morceau ou seulement à sa parure?

— A l'une et à l'autre : s'il exige du brillant, de la légèreté, de la grâce, elles lui donnent tout cela avec profusion; mais s'il est sévère, grandiose ou langoureux, il faut être assez fort pour se priver de leurs charmes séducteurs.

— Alors la musique sacrée doit en être sobre ?

— Elle doit même les méconnaître. Quelques chanteurs se permettent de les introduire dans le sanctuaire. Ils y sont même encouragés par des compositeurs de romances, qui ont mis une main profane sur le style religieux; mais l'audace des uns et des autres fait sourire de pitié; voilà tout!

— Qu'est-ce qu'un *point d'orgue?*

— C'est un signe 𝄐 qui se place sur les notes ou sur les silences pour indiquer qu'on peut s'y arrêter à volonté.

— Quelle est l'origine de cette dénomination?

— La voici : le son de l'orgue (1) est produit par le vent qu'on fait arriver dans les tuyaux au moyen d'un soufflet; tant qu'on a le doigt sur la touche et que l'air est mis en mouvement, le son ne cesse pas d'être entendu : on peut donc faire parler la note pendant un temps indéterminé, rester dessus *ad libitum* (à volonté). Eh bien! c'est précisément la propriété du *point d'orgue* d'indiquer un arrêt *a piacere* (à plaisir) : donc on a bien fait de le nommer ainsi.

— A-t-il des propriétés diverses?

— Oui; quand il est placé sur la dernière note d'une phrase ou sur un silence, il indique simplement un temps d'arrêt, une suspension de la mesure.

Exemple :

S'il se trouve sur la pénultième (avant-dernière note de la phrase), il annonce à l'exécutant qu'il est permis non-seulement de s'arrêter à volonté, mais encore d'ajouter à cette note, affectée du point d'orgue, toute espèce de traits, roulades ou *fioritures,* avant de se reposer sur la note finale.

Exemple :

(1) Il est utile de vous faire remarquer que le mot *orgue* est masculin au singulier et féminin au pluriel. Il vient du mot latin *organum*, qui signifiait d'abord, comme le dit le docteur Lichtenthal, dans son *Dictionnaire de musique*, un instrument quelconque, toute machine organisée, puis les instruments de musique en général, puis les instruments à vent seulement, et enfin le roi des instruments, l'*orgue*, cette admirable machine à clavier et à vent, qui peut remplacer tout un orchestre, et qui est le plus beau, le plus magnifique, le plus sonore, le plus grand de tous les instruments de musique...

— D'où vient le mot *fioriture?*

— Du substantif italien *fioritura*, qui exprime l'action de fleurir : en effet, les trilles, les *grupetti*, les fusées chromatiques, les appoggiatures ornent, fleurissent une mélodie, lui donnent un air de fête.

— Les règles que vous venez d'établir s'appliquent-elles à la musique sacrée?

— Non, puisqu'il a été dit que ces parures mondaines ne lui convenaient en aucune sorte.

— Le point d'orgue n'est-il pas susceptible quelquefois de recevoir des ornements, même lorsqu'il est placé sur la dernière note d'une phrase.

— Oui, si cette phrase en appelle une autre, et surtout si elle offre un repos bien marqué à chacun de ses membres.

Exemple :

— Indiquez maintenant ce qu'on pourrait ajouter aux points d'orgue.

— Voici :

— Très-bien...

FIN DU DOUZIÈME ENTRETIEN.

TREIZIÈME ENTRETIEN.

SOMMAIRE. — Des piqués, des détachés et des coulés. — Manière de lier les notes sur le piano. — Du renvoi. — De la reprise. — Du guidon. — De l'accolade. — Des abréviations de notes et de silences.

LE MAÎTRE. Continuons d'abord le chapitre de l'expression, puis nous verrons tous les signes employés dans la notation musicale. — Qu'entend-on par *notes piquées, notes détachées ?*

L'ÉLÈVE. On entend des notes que l'on sépare toujours les unes des autres dans l'exécution, et auxquelles, par conséquent, on donne moins de valeur qu'elles n'en représentent sur le papier.

— Quels sont les signes du *piqué?*

— Ce sont de petites virgules placées au-dessus des notes.

— Quelle portion de valeur ou de durée le *piqué* ôte-t-il à la note?

— Les trois quarts : ainsi une noire *piquée* ne vaut pas plus d'une double croche. Exemple :

— Et les notes *détachées?*

— Ce sont celles qui ont la tête surmontée d'un petit point.

— Quelle valeur le *détaché* enlève-t-il à la note?

— La moitié de sa durée. Exemple :

— Ne doit-on pas exécuter les *piqués* plus légèrement que les *détachés?*

— Oui.

— Et quand les notes surmontées d'un petit point ont encore par-dessus ce point une ligne courbe qui semble les unir, que faut-il faire?

— Il faut appuyer plus lourdement sur chaque note et les détacher à peine, de manière à leur conserver les trois quarts de leur valeur.

Exemple :

— Qu'entend-on par *notes coulées?*

— Des notes qu'on ne sépare jamais les unes des autres dans l'exécution; on peut les comparer aux anneaux d'une même chaîne.

— Par quel signe les indique-t-on?

— Par une ligne courbe, appelée *liaison*, qui s'étend au-dessus ou au-dessous de toutes celles qui doivent être exécutées d'un seul coup de larynx ou d'un seul coup d'archet, ou d'un seul coup de langue, etc.

— Comment coule-t-on les notes sur le piano?

— C'est assez difficile, et jamais on n'arrive à le faire aussi parfaitement sur un clavier qu'avec la voix, le violon ou la flûte, par exemple.

— Mais enfin, comment s'y prend-on?

— Supposez qu'il y ait à la main droite *sol*, *la*, *si*, *do*, *ré*, du *médium*, vous frappez le *sol* avec le pouce, que vous ne levez que juste au moment où l'index attaque le *la*, de manière que les deux touches simulent un mouvement de bascule; de même, vous ne quittez la seconde note qu'à l'instant précis où la troisième est attaquée. Ainsi du reste.

— Est-il facile de lier les notes sur l'orgue?

— Très-facile, puisque le son est continu.

— Donnez un exemple de notes coulées.

— En voici un :

— Dans beaucoup de passages, les piqués et les coulés ne fonctionnent-ils pas à tour de rôle?

— Oui.

Exemple :

— Quand deux notes sont liées ensemble, n'appuie-t-on pas plus sur la première que sur la seconde?

— Oui.

— La seconde ne perd-elle pas aussi, dans cette circonstance, quelque chose de sa valeur?

— Oui, la moitié.

Exemple :

— Emploie-t-on, dans la notation musicale, d'autres signes que ceux déjà connus?

— Oui : les *renvois*, les *reprises*, les *guidons*, les *accolades* et les *abréviations*.

— Parlez-nous d'abord des *renvois*.

— Le renvoi, dont on va trouver la figure dans l'exemple ci-après, est un signe qu'on place à la fin d'une période, et qui indique de revenir à l'endroit où se trouve un autre signe semblable, pour recommencer jusqu'au mot *fin*. On est renvoyé en arrière pour faire une seconde fois le chemin déjà parcouru.

Exemple :

— C'est bien cela. Vous avez sans doute observé que, dans cet exemple, le rhythme était parfaitement marqué par la répétition des mêmes valeurs ; que les demi-phrases étaient indiquées par des virgules simples et les phrases entières par des virgules doubles. Ce dernier point sera plus complètement expliqué dans la suite.

— Ne met-on pas quelquefois des mots italiens à la place de ce signe, ou même avec lui, pour compléter l'indication ?

— Oui ; ce sont les mots : *da capo al fine* (du commencement à la fin).

— Qu'entend-on par *reprise ?*

— La reprise est une espèce de renvoi ; voici en quoi elle consiste : dès le commencement, et tantôt dans le courant d'une œuvre musicale, vous rencontrez deux petits points placés à droite d'une première double barre ; vous allez plus loin, et vous en apercevez deux autres placés à gauche d'une seconde double barre : eh bien, ces deux derniers indiquent qu'avant de passer outre, il faut reprendre depuis les premiers points, c'est-à-dire toute la partie du morceau renfermée entre les deux doubles barres.

Exemple :

— Qu'est-ce qu'un *guidon?*

— C'est un petit signe en zigzag ~~, qui sert à indiquer à l'avance la première note de la portée suivante, en se plaçant sur la ligne ou dans l'interligne que cette note doit occuper : véritable avant-coureur, fort utile surtout pour un chef d'orchestre.

— Qu'entend-on par *accolade?*

— Le signe ou trait de plume qui unit deux ou plusieurs portées.

Exemple :

— Parlez-nous des *abréviations?*

— Il y a des abréviations de notes et de silences. Voici des exemples de chacune d'elles :

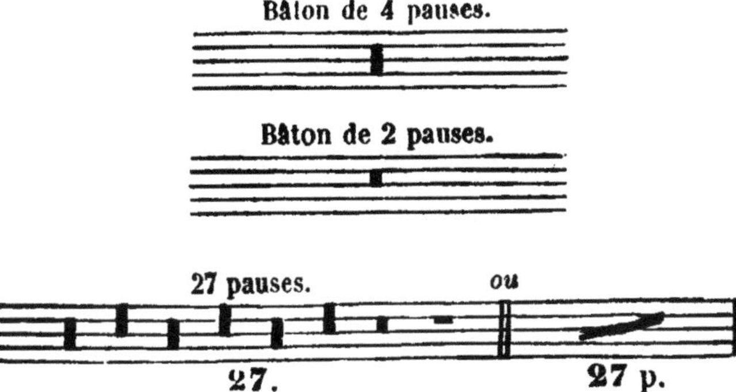

— Nous sommes entièrement édifiés sur ces différents signes de la notation musicale.

FIN DU TREIZIÈME ENTRETIEN

QUATORZIÈME ENTRETIEN.

SOMMAIRE. — Des temps forts et des temps faibles. — De la syncope; ses variétés; ses effets. — Syncopes régulière et brisée. — Succession de syncopes formant une marche à contre-temps.

Le Maitre. D'où vient le mot *syncope?*

L'Élève. De deux mots grecs : *sun* (1), avec, et *kôptô*, je coupe.

— Dites-nous ce que l'on *coupe ?*

— On coupe la note.

— *Avec* quoi ?

— Avec le temps ou la barre de mesure.

— Expliquez-vous plus clairement.

— La syncope (en principe) est la prolongation, sur un *temps fort*, d'un son commencé sur un *temps faible*.

— Qu'est-ce qu'un *temps fort?* Qu'est-ce qu'un *temps faible?*

— Le *temps fort* est celui sur lequel on appuie davantage, qui a le plus d'importance dans la mesure et qui peut être frappé. Le *temps faible* est à l'inverse du premier et ne peut jamais être frappé. Ainsi, dans la mesure à quatre temps, le premier et le troisième sont forts, le second et le quatrième sont faibles; dans la mesure à deux temps, le premier est fort et le second est faible ; dans la mesure à trois temps, le premier seul est fort, les deux autres sont faibles.

— Et si cette mesure à trois temps est en tête d'un *scherzo* (badinage, folâtrerie musicale), d'un *presto*, d'une valse rapide, d'un menuet?

— Alors le temps fort est le seul appréciable; on ne bat qu'à un temps, bien qu'il y en ait trois, parce que le mouvement est trop rapide pour qu'on puisse indiquer les autres temps avec la main ou le pied.

(1) On a déjà pu voir que nous écrivions les mots grecs avec les lettres de notre alphabet, pour en faciliter la lecture. *Sun* se prononce comme s'il y avait *sune*.

— Mais vous avez avancé que chaque temps fort pouvait être frappé : dans la mesure à quatre temps on ne frappe pourtant pas le troisième ?

— Non, sans doute; mais on pourrait le frapper. Divisez la mesure à quatre temps en deux mesures à deux-quatre, et le troisième temps de la première deviendra le premier temps de la seconde.

Exemple :

— Très-bien. Maintenant, pourquoi la syncope commence-t-elle plutôt sur un temps faible que sur un temps fort?

— La raison en est bien simple. Si vous commencez la syncope sur un temps fort pour la finir sur un temps faible, vous faites une prolongation de son, et rien autre chose; vous ne dérangez pas la carrure du rhythme, vous n'établissez pas une marche à contre-temps; donc, vous ne produisez pas une syncope. Ainsi, attaquez une blanche sur le frappé de la mesure à quatre, vous verrez si c'est la même chose que de l'attaquer sur le deuxième temps.

Dans le second cas, le rhythme est tout changé.

Exemple :

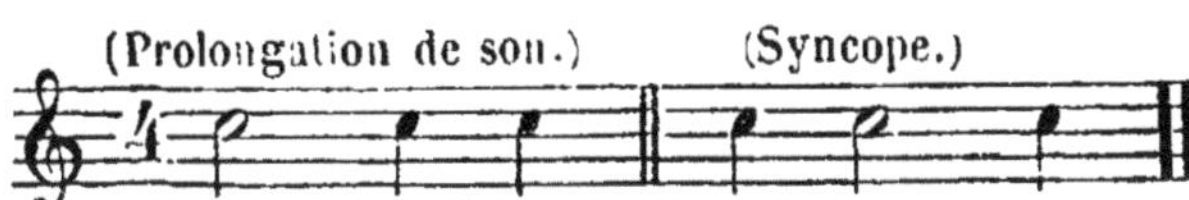

— Vous venez de dire que la syncope établissait une marche à contre-temps; jusqu'ici rien de semblable n'a lieu?

— Un peu plus loin nous en donnerons des preuves nombreuses; mais déjà, dans l'exemple précédent, il s'en trouve une excellente.

— Produisez-la.

— Supposez que la mesure syncopée, écrite plus haut à quatre temps, se batte à deux, vous aurez, pour le premier temps, la noire et la moitié de la blanche, et, pour le second, l'autre moitié de la blanche et l'autre noire. Vous n'attaquerez donc pas la note syncopée avec le temps, puisqu'il la coupe en deux, et, par cela même, vous établirez une marche à contre-temps.

Exemple :

Cette petite barre qui traverse la blanche indique la fraction opérée par la syncope : le côté gauche de cette blanche appartient à la deuxième partie du premier temps ; le côté droit à la première partie du deuxième temps.

— Y a-t-il plusieurs espèces de syncopes ?

— Il y en a trois.

— Faites-nous les connaître.

— 1° La syncope régulière d'une seule note; par exemple : une blanche entre deux noires, ou une noire entre deux croches. Nous l'avons déjà vue.

2° La syncope régulière de deux notes placées, la première, à la fin d'une mesure ; la seconde, au commencement de la mesure suivante : ces deux notes doivent être réunies par une ligne courbe, pour prouver qu'elles ne font en réalité qu'une note.

Exemple :

La liaison indique encore de n'attaquer, de ne prononcer que la première note, et de tenir le son pendant la valeur de la seconde, sans articuler ou sans faire sonner cette seconde note.

3° La syncope irrégulière, ou brisée, qui se compose de deux notes d'inégale valeur.

Exemple :

On l'appelle *brisée*, parce qu'en effet on brise le son avant la fin *naturelle* de la note.

— Comment cela ?

— Dans le dernier exemple, chaque syncope est formée de

deux notes unies par une ligne courbe, et qui ne représentent qu'une seule note, comme nous le savons déjà. Pour être régulière, la première syncope devrait se composer de deux blanches simulant une ronde; la seconde, de deux noires simulant une blanche. Eh bien, puisqu'il n'en est pas ainsi, il y a donc irrégularité, *brisure* du son.

— C'est logique. Mais revenons sur nos pas. En prouvant que la syncope établissait parfois une marche à contre-temps n'avez-vous pas fait commencer la note sur la seconde partie du temps fort?

— Oui.

— Vous ne vous rappeliez donc plus cette règle que vous veniez de consacrer : « La syncope doit commencer sur un temps « faible et finir sur un temps fort? »

— Si, parfaitement; mais j'avais oublié d'ajouter cette importante remarque : « Tous les temps, faibles comme forts, renferment une partie forte et une partie faible : la première est né- « cessairement forte; donc, si l'on commence une note syncopée « sur la seconde, qui est faible, on ne va pas contre la règle, on « l'observe même dans toute sa rigueur. »

— Allons! il n'y a pas moyen de vous prendre en défaut!... Pouvez-vous donner quelques nouveaux exemples qui nous fassent toucher au doigt la marche à contre-temps, engendrée par une suite de syncopes?

— Oui : plusieurs noires entre deux croches, ou plusieurs croches entre deux doubles, produisent mathématiquement l'effet demandé.

Exemple :

Les petites barres verticales qui coupent les deux notes liées marquent les divisions de la mesure. On voit, par cet exemple, que la note syncopée ne prend jamais au commencement, mais bien au milieu du temps, ce qui constitue, nous le répétons, une marche à contre-temps des plus faciles à saisir pour l'œil et pour l'oreille.

— Peut-on commencer et terminer une syncope dans un seul et même temps?

— Oui.

— Un exemple, s'il vous plaît?

— Voici :

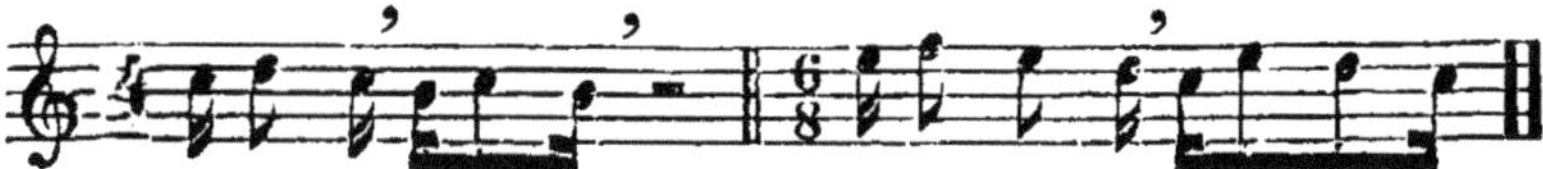

Enfin, il y a syncope toutes les fois qu'une ou plusieurs notes de plus grande valeur se trouvent entre deux notes de moindre valeur, quelle que soit la place qu'elles occupent dans la mesure.

— Quand on exécute une syncope, faut-il appuyer plus, avec la voix, sur la seconde moitié de la note syncopée que sur la première?

— Non.

— Pourtant, cette seconde moitié se trouve sur le temps fort ou sur la partie forte du temps; et vous avez dit, plus haut, qu'il fallait toujours appuyer plus sur le temps fort que sur le temps faible?

— C'est vrai; mais, dans le cas présent, il est recommandé d'appuyer davantage sur le temps faible ou la partie faible du temps, pour éviter d'enfreindre les lois de l'*euphonie*. Le contraire serait d'un effet horrible.

— D'où vient le mot *euphonie?*

— Du substantif grec *euphonia*, composé d'*eu*, bien, et de *phonè*, voix, c'est-à-dire, son agréable d'une voix ou d'un instrument, passage mélodieux, nuancé, sans duretés mélodiques, sans accents forcés.

— Cette explication suffit pour le moment; plus tard, l'étude des dièzes et des bémols nous fournira l'occasion de la compléter. Donnez seulement un exemple de la manière dont on doit exécuter les syncopes.

— C'est très-facile; voyez :

— Montrez-nous quelque chose comme des voix qui ont l'air de se disputer, de courir les unes après les autres.

— Voici :

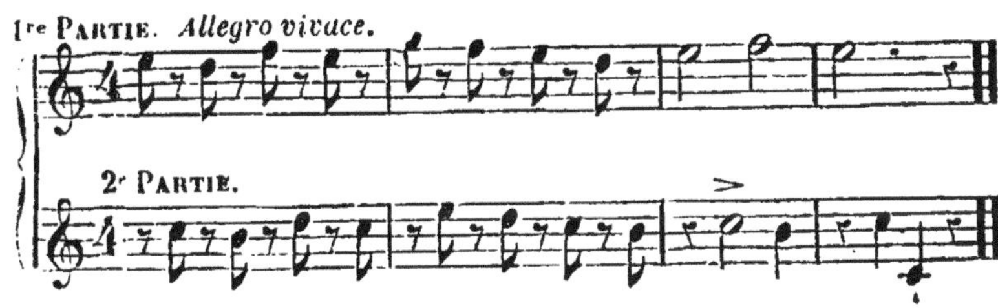

— Très-bien, très-bien!

Panseron, dans ses solféges à deux voix, a fait une charmante esquisse de cette espèce de caquetage, dont on trouve de nombreux exemples dans les *opéras-bouffes*...

Les compositeurs qui ont autant de finesse dans l'esprit que d'originalité dans le génie, peuvent tirer un admirable parti de cette sorte de lutte vocale : elle est également fort bien placée dans l'instrumentation.

Rossini, Meyerbeer, Donizetti, Hérold, Auber et Adolphe Adam ont excellé, surtout le premier, dans ce genre si attrayant, si plein d'entrain...

J'ai cru devoir beaucoup appuyer sur les syncopes, parce qu'elles sont, en musique, d'un effet immense, très-varié, très-original; mais, avant tout, parce qu'elles sont une des grandes difficultés de la lecture rhythmique.

Dans les exercices pratiques, les professeurs ne peuvent y donner une trop grande attention.

C'est l'échec des élèves qui ne possèdent pas à un très-haut degré le sentiment de la mesure.

Il faut donc, en pareille occurrence, combattre la nature elle-même, si c'est possible; et je crois, par expérience, qu'on y arrive après des efforts persévérants. Ainsi, que l'on ne craigne pas, sur ce point, de multiplier les solféges, de les varier de mille manières; on servira, par cette persévérance, le progrès musical.

Beaucoup de gens qui se disent musiciens, même artistes, sont loin d'être très-forts sur la théorie pratique des syncopes et sur beaucoup d'autres points de la syntaxe musicale. S'il fallait retrancher du nombre des prétendus virtuoses tous ceux qui chantent ou jouent faux et ne vont pas en mesure, leurs innombrables cohortes se réduiraient à quelques centuries...

FIN DU QUATORZIÈME ENTRETIEN.

QUINZIÈME ENTRETIEN.

SOMMAIRE : Coup d'œil rétrospectif. — Résumé complémentaire des entretiens précédents (Ire partie).

LE MAITRE. Le bruit du tonnerre, est-ce un son musical?

L'ÉLÈVE. Dans l'acception rigoureuse du mot, non; comme effet grandiose, oui.

— Enfin, ses majestueux roulements sont inimitables?

— Oui et non. Plusieurs compositeurs illustres ont trouvé, dans l'orchestre, le secret de traduire assez fidèlement cette grande musique atmosphérique.

— Vous avez raison. Rossini, Meyerbeer, Weber, Félicien David et Berlioz ont approché le plus près possible de cette solennelle manifestation de la puissance de Dieu.

Je ne suis pas de l'avis de M. Cousin, philosophe artiste, qui, dans un livre fort estimé, soutient que la musique est incapable d'exprimer autre chose que la joie ou la douleur.

C'est réduire en miniature un immense tableau. Notre langue musicale, qui est universelle, parce qu'elle est comprise de tous les peuples civilisés, peut tout exprimer, dans une sphère poétique, idéale, bien entendu. Mais un objet peut être poétisé, idéalisé sans cesser d'être reconnaissable : il n'en appartient que davantage à l'essence *du beau*, couronnement de tout chef-d'œuvre artistique... Continuons.

— Le bruit d'une voiture, est-ce un son musical?

— Oh! celui-là ne l'est pas le moins du monde! Essayez de le classer dans la gamme connue!

— Il n'y a donc que le son musical qui puisse être apprécié?

— Sans doute.

— Mais qu'entendez-vous par ces mots : *apprécier un son?*

— Comprendre, en l'entendant, quel est son élévation ou son abaissement; quelle place il doit occuper dans l'échelle diatonique ou chromatique.

Ainsi, le tonnerre grondant avec fureur, vous ne saurez jamais, malgré l'immensité du bruit, malgré sa beauté sans pareille, s'il donne un *sol* ou un *do*, un *la* ou un *ré ;* tandis que, si vous avez le diapason dans la tête, comme tout bon musicien doit l'avoir, vous saurez de suite, en écoutant le son d'un cor ou d'une cloche, quelle note ils donnent.

— Très-bien. Le bruit du tonnerre, comme vous le disiez plus haut, n'est donc pas musical dans la véritable acception du mot : donc on ne peut apprécier, *au point de vue de l'art*, que les sons musicaux.

J'aimerais à m'entretenir avec vous des phénomènes curieux qui concourent à la formation du son ; tout artiste qui se dit instruit doit les connaître ; mais, en abordant ces hautes considérations, je m'écarterais de mon programme, et j'entrerais dans l'acoustique (1).

Avez-vous bien compris pourquoi l'on a donné aux différentes espèces de notes ces dénominations de : ronde, blanche, noire, etc.?

— Sans doute ; c'est à cause de leur figure : la croche, par exemple, n'a-t-elle pas un crochet, la double croche, deux?

— Mais cette dernière figure ne vaut que la moitié de la précédente ; il serait plus logique de l'appeler *demi-croche.*

— Oui ; c'est ce que font les Allemands, qui, dit-on, raisonnent mieux que nous.

— Le nom des silences est-il motivé?

— Certainement : la pause est un repos entier ; la demi-pause, un demi-repos ; le soupir, le temps de respirer ; le demi-soupir, une demi-respiration : ainsi du reste.

— Vous avez dit tout à l'heure que la croche avait un crochet, la double croche, deux ; comment donc se fait-il que, dans les exemples où vous avez reproduit ces deux figures de notes, les crochets aient disparu pour faire place à une écriture différente?

— En voici la raison, que nous aurions dû donner tout d'abord. Dans la musique instrumentale, pour éviter de placer à la

(1) *Acoustique* vient du mot grec *àcùó* (j'entends), et signifie la doctrine des sons.

queue de chaque note brève, un, deux, trois ou quatre crochets, et pour rendre, en même temps, la lecture plus facile, on a imaginé de rassembler ces brèves par deux, trois, quatre, six ou huit, et même davantage, en unissant toutes les queues d'un même groupe par une seule barre horizontale pour les croches, deux pour les doubles, trois pour les triples et quatre pour les quadruples. Si l'on se sert de quintuples croches, comme cela peut avoir lieu dans un mouvement très-lent, il faut naturellement mettre cinq barres. Dans la musique vocale, quand il y a des paroles sous les notes, on groupe le plus souvent autant de notes brèves qu'on en exécute sur une seule syllabe; mais si l'on change de syllabe à chaque note, on doit nécessairement se servir de crochets. Exemple :

— Très-bien, très-bien!... Continuons de butiner au hasard. Qu'est-ce que la gamme?

— C'est une échelle, un escalier vocal, ou, si vous voulez, la succession des sept sons musicaux, auxquels on ajoute un huitième son qui rappelle le premier. Toute la musique est, en principe, dans la gamme, comme toute la langue française est, en principe, dans son alphabet, comme la plante est dans le germe, etc.

— Qu'est-ce qu'un intervalle?

— C'est la distance plus ou moins grande d'un son à un autre. Quand on passe du *grave* au *médium,* du *médium* à l'*aigu, et vice versâ,* on fait des intervalles. Il y en a même de plus petits, la *seconde,* par exemple : de *do* à *ré,* de *ré* à *mi,* etc.

— Qu'est-ce que l'écriture musicale?

— C'est l'action de traduire les sons sur le papier au moyen de signes conventionnels qu'on appelle *figures de notes.*

— Qu'entend-on par *valeur* de note?

— Sa *durée.*

— Dites-moi les *unités* de note et de silence.

— La ronde et la pause.

— Qu'est-ce qu'un *point d'accroissement?*

— Celui qu'on place devant une note pour l'augmenter de la moitié de sa valeur. Une ronde pointée vaut trois blanches, ainsi de suite.

— Comment nomme-t-on un groupe de trois notes de même espèce, ne durant pas plus que deux notes de cette même espèce?

— On le nomme *triolet* ou *triade.*

— Bravo! vous n'avez pas oublié notre premier entretien...

— Pourquoi se sert-on de figures de silences?

— Comme on emploie les ombres dans un tableau pour faire ressortir la lumière, les silences servent à remplacer les figures de notes quand on veut se taire pendant un temps déterminé.

— Pourrait-on s'en passer?

— Non, pas plus que de ponctuation ou de repos dans le discours; pas plus que dans une assemblée, quand on écoute un grand orateur qui vous captive.

— La valeur des silences, correspondant à celle des notes, peut-on les augmenter ou les altérer comme elles?

— Oui, du moins pour la plupart.

— Qu'est-ce qu'une *portée?*

— C'est ce qui porte les notes, ou, si vous voulez, ce sont cinq lignes horizontales et parallèles qu'on trace sur le papier, et sur lesquelles ou entre lesquelles on écrit les figures de notes.

— Qu'est-ce qu'une clef?

— C'est le signe qui sert à ouvrir l'entrée de la musique, en déterminant le nom des notes sur la portée.

— Combien y a-t-il de clefs?

— Trois : la clef de *sol* 𝄞, de *do* 𝄡 et de *fa* 𝄢.

— Montrez-nous comment elles se placent sur la portée.

— Le voici :

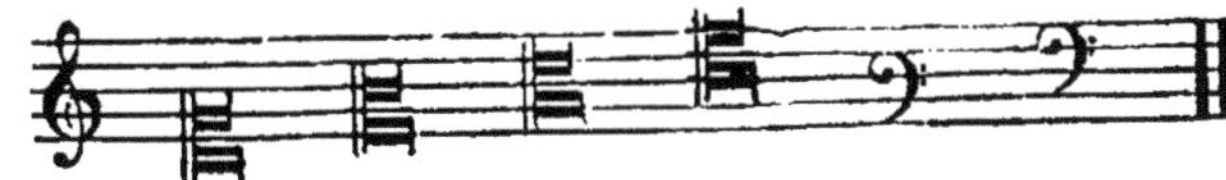

— Mais vous en mettez sept au lieu de trois?

— C'est vrai : la clef de *do* et la clef de *fa* se posent sur plusieurs lignes. Vous m'en direz probablement la raison plus tard.

— Oui : contentez-vous, pour l'instant, de remarquer que la clef de *fa*, quatrième ligne, est à une quinte au-dessous de la clef de *do*, première ligne, de même que cette dernière est à une quinte au-dessous de la clef de *sol*. Cet intervalle musical, qui sépare les différentes espèces de clefs, est précisément la ligne de démarcation la plus naturelle qui existe entre les différentes espèces de voix : le *soprane*, le *ténor* et la *basse*. Vous apprendrez par la suite que les trois notes dont les clefs ont pris le nom sont les *toniques* des trois accords parfaits majeurs : *fa, la, do ;* — *do, mi, sol ;* — *sol, si, ré*, qui renferment en eux toute la gamme de *do : sed non est hic locus ;* ce qui veut dire, en traduction libre : *chaque chose en son temps...*

Dites-nous d'abord comment sont divisées les voix de femmes et les voix d'hommes.

— Les voix de femmes se divisent ainsi :

Premier *soprane*, dont l'étendue ordinaire est du *do* grave (clef de *sol* ou de *do*, première ligne) au *la* d'en haut. Quelques-uns montent au *si bémol* et même au *do* aigu, mais c'est une exception (1);

Deuxième *soprane*, qui va du *si bémol* grave au *fa*, quelquefois au *sol* d'en haut ;

Contre-alte, qui descend jusqu'au *sol* et même au *fa* grave, et ne monte qu'au *mi bémol*, rarement au *fa* (2);

— C'est bien. Vous savez sans doute que, dans les maîtrises (3)

(1) Les sons trop élevés sont toujours maigres, grêles; on en abuse beaucoup trop aujourd'hui : ils ressemblent assez à ceux de la petite serinette gothique que possède Rossini. On pourrait en dire autant de la huitième octave du piano, laquelle rappelle la triste sonorité de l'épinette...

(2) On a vu des voix extraordinaires, comme celles de la Malibran et de l'Alboni, monter et descendre presque à volonté...

(3) On entend par là une institution de musique dépendant des églises,

ou psallettes (de *psallere,* chanter), on donne l'instruction musicale à des enfants du peuple doués d'un bel organe, afin de leur apprendre à chanter dignement, dans le saint lieu, les louanges de l'Éternel. Ces jeunes garçons, jusqu'à l'âge de quatorze ou quinze ans, terme moyen, possèdent une voix féminine dont le timbre est plus argenté que celui de la voix de femme; cette voix peut se classer comme le premier et le deuxième soprane; elle a parfois une puissance, un éclat merveilleux.

Dans les ensembles vocaux de l'Opéra, l'on emploie souvent ces belles voix d'enfants de chœur pour renforcer les sopranes.

Quand ces enfants arrivent à l'âge indiqué plus haut, il s'opère en eux une transformation complète, qu'on appelle *la mue,* et, vers l'âge de dix-huit ans, cette voix passagère se trouve remplacée par une voix virile plus ou moins élevée, plus ou moins grave; quelquefois aussi l'on perd la première sans en trouver une autre. C'est un phénomène de la nature que j'abandonne aux savants physiologistes (1).

Continuons notre classification vocale :

Comment les voix d'hommes se divisent-elles?

— De la manière suivante :

Premier *ténor,* dont l'étendue ordinaire est du *ré* d'en bas (clef de *do,* quatrième ligne) au *sol* et même au *la* d'en haut (2);

Deuxième *ténor,* qui descend au *do,* monte au *fa dièze,* au *sol,* en passant;

cathédrales ou collégiales. Les maîtrises se composent du maître de musique ou maître de chapelle et d'un certain nombre *d'enfants de chœur* placés sous sa discipline. Le nombre des maîtrises était autrefois en France d'environ quatre cent cinquante, et celui des élèves qui y étaient élevés était de quatre à cinq mille; la plupart de ces établissements ont été supprimés après la révolution de 1789 : on les relève aujourd'hui dans plusieurs cathédrales. (*Dictionnaire de musique* du docteur Lichtenthal.)

(1) Ceux qui s'occupent des principes de l'économie animale, de l'usage et du jeu des organes.

(2) Aujourd'hui, le *si bémol* lui-même n'est plus une rareté; que dis-je? le fameux *ut* de poitrine de Duprez est dépassé : Tamberlick donne l'*ut dièze* à pleins poumons. C'est aux physiologistes à décider d'où sort cette note phénoménale.

Baryton, qui va du *si bémol* grave (clef de *fa,* quatrième ligne, autrefois troisième ligne) au *fa naturel* d'en haut ;

Basse, qui descend au *sol* grave (clef de *fa,* quatrième ligne) et monte au *mi bémol*, par extraordinaire au *fa naturel;*

Basse-contre, sorte de voix très-commune autrefois dans les vieilles basiliques; elle se perd de plus en plus. Il en est de même des basses, depuis que tous les chanteurs veulent atteindre, dit-on, au fameux *ut* de poitrine.

La basse-contre descendait jusqu'au contre-*ré,* et ne montait guère qu'au *si bémol*, au *do* tout au plus.

— Bravo !

FIN DU QUINZIÈME ENTRETIEN.

SEIZIÈME ENTRETIEN.

SOMMAIRE : Suite et fin du résumé complémentaire des quatorze premières leçons.

LE MAITRE. Dites-nous ce qu'on entend par *registre vocal.*

L'ÉLÈVE. Figurez-vous *la voix* divisée en deux ou trois casiers; supposez que le premier contienne quatre sons, le second huit, et le troisième cinq : chaque casier représentera ce qu'on appelle *un registre* (1), par imitation des jeux de l'orgue, ainsi nommés en Italie.

— Très-bien : complétez l'explication.

— De même que chaque jeu possède une nature de son différente, un timbre particulier, de même aussi chaque registre vocal offre des qualités sonores bien distinctes. Ainsi, dans la voix de femme, les sons graves, qui viennent de la poitrine, ne ressemblent point à ceux du *médium*, qui se forment vers la partie supérieure du larynx, pas plus que les sons de tête (autrefois appelés *fausset*), qui se tirent des *sinus frontaux* (2), n'ont de rapport avec ces derniers. Les sopranes possèdent donc trois registres. Les ténors n'en ont que deux, celui de poitrine et celui de tête : le premier s'étend ordinairement du *ré* d'en bas au *sol* d'en haut, et le second du *la* suivant au *do*, parfois même au *ré* double octave. Les basses ne possèdent qu'un seul registre, celui de poitrine, qui va du *fa* grave au *fa* double octave, dans sa plus grande étendue. Ceci, toutefois, demande des réserves, car il y a des exceptions nombreuses, surtout en faveur des barytons, qui jouissent un peu des avantages du ténor.

(1) Dans l'orgue, les registres sont, en réalité, des règles de bois que l'organiste tire ou pousse, et qui font agir certains mouvements du mécanisme pour ouvrir ou fermer les jeux de l'orgue, c'est-à-dire pour laisser passer ou pour empêcher de passer le vent dans les différents groupes de tuyaux qui composent les différents jeux; et cela, selon que le musicien veut les faire parler ou les réduire au silence. La poignée par laquelle l'organiste ouvre ou ferme un registre s'appelle *tirant.*

(2) C'est-à-dire, des cavités intérieures du front.

— Votre dernière réflexion est très-juste. On peut même avancer, sans trop d'exagération, que les barytons, en général, possèdent, avec des nuances différentes dans la sonorité, les deux registres du ténor.

La plus belle, la plus puissante voix de basse qui ait peut-être jamais existé, celle de l'inimitable Lablache, faisait entendre, dans *le Barbier de Séville*, des notes de tête superbes. On ne pouvait croire que cette voix si flûtée, si suave à l'aigu, appartînt à ce colosse...

— Vous rappelez-vous ce que c'est que le rhythme?

— Oh! oui; c'est *la retraite* que le tambour bat tous les soirs aux Tuileries, pour annoncer aux promeneurs qu'il est temps de se retirer; c'est *la bourrée* (1) que les petits Auvergnats dansent dans notre cour, pour avoir un morceau de pain; c'est le fameux *pas redoublé* de nos musiques d'infanterie, les évolutions militaires du Champ de Mars, le pas cadencé du cheval de Baucher ou de Franconi, etc.

— Vous voulez dire que tout ceci nous donne une idée parfaite du rhythme (2). Vos exemples sont bien choisis. Qu'est-ce que la mesure?

— C'est le rhythme emprisonné, soumis à des lois mathématiques, gouverné par celle dont il est le père. La mesure, c'est le moyen de diviser un morceau de musique en durées égales.

— A quoi servent toutes ces barres qui traversent verticalement la portée ?

— A séparer les mesures les unes des autres, à les enfermer dans des casiers; ce sont des espèces de cloisons, de petits murs mitoyens.

— Et les doubles barres ?

— Elles se placent à la fin de l'exorde, du premier, du second, du troisième point, et surtout après la péroraison du discours musical : ce sont des sortes d'étapes où l'on pourrait s'arrêter au besoin pour prendre un instant de repos.

(1) Espèce de valse lente, très-caractéristique; danse nationale des montagnes de l'Auvergne.

(2) Ce terme vient du mot grec *ruthmôs* (rhythme, cadence, mesure). On appelait *rhythmopée* la partie de la musique ancienne qui prescrivait les lois du rhythme.

— Combien y a-t-il d'espèces de mesures?

— Trois : les mesures simples, les composées et les dérivées.

— Ont-elles quelques rapports ensemble?

— Oui : les premières engendrent toutes les autres.

— Qu'est-ce qu'*un temps?*

— C'est une partie de la mesure, soit la moitié, soit le tiers, soit le quart, soit le cinquième.

— Vous vous rappelez la mesure à cinq temps?

— Oui; c'est celle qui se forme de la réunion des mesures à trois et à deux-quatre.

— Qu'est-ce que battre la mesure?

— C'est en marquer la division exacte par un mouvement de la main ou du pied.

— Comment appelle-t-on le degré de lenteur ou de vitesse qu'on donne à la mesure?

— Mouvement.

— Peut-on beaucoup varier le mouvement?

— Oui; depuis la plus grande lenteur jusqu'à la plus grande vitesse.

— Où donc les indique-t-on, ces variétés de mouvement?

— En tête du morceau.

— Et comment?

— Par des mots italiens.

— Dites-nous le moyen de reproduire mathématiquement le mouvement indiqué par l'auteur en tête du morceau?

— Maëlzel est l'inventeur d'une espèce de pendule ou balancier qui, par la lenteur ou la vitesse de ses oscillations, marque le mouvement lent ou rapide de chaque temps de la mesure.

— Comment nommez-vous cet instrument?

— *Métronome* ou *métromètre.*

— D'où viennent ces deux noms?

— Du grec : le premier, de *metron,* mesure, et de *nomos,* chanson, air, chant; le second, de *metrometron,* mesure ou règle de la mesure.

— Très-bien. Rappelez-vous que la syllabe finale des mots grecs se prononce de la manière suivante; lisez donc : *metrone, metrometrone.*

J'emprunte au *Dictionnaire de musique* du très-érudit docteur Lichtenthal, dans la traduction de Dominique Mondo, la description suivante du métronome :

« Cet instrument a la forme d'un petit obélisque ou d'une py-
« ramide. La partie supérieure de cette pyramide forme une
« sorte de couvercle qui se lève ou se baisse au moyen d'une
« charnière. Lorsque, ayant préalablement ôté le couvercle, on
« enlève la partie mobile qui couvre le devant de l'obélisque, le
« balancier d'acier, derrière lequel se trouve placée l'échelle de
« numération, prend une position perpendiculaire par l'impul-
« sion d'un ressort caché dans la base de l'instrument. Sous le
« couvercle de la partie supérieure se trouve une petite clef, dont
« on se sert pour monter le mécanisme qui met le balancier en
« mouvement. Au moyen d'un anneau attaché à l'extrémité de
« la pyramide, on peut arrêter le balancier. Celui-ci est formé
« par une baguette d'acier qui traverse un petit poids que l'on
« peut faire glisser à volonté de l'une à l'autre extrémité de la
« baguette, à laquelle il imprime un mouvement d'oscillations
« plus ou moins fréquentes, selon qu'on le rapproche ou qu'on
« l'éloigne de la base de l'instrument (1). Les numéros 50 et 160
« de l'échelle indiquent les degrés extrêmes, l'un de lenteur,
« l'autre de vitesse, que puissent atteindre les oscillations du ba-
« lancier... »

Je pourrais continuer cette citation, mais cela suffit, et d'ailleurs je craindrais de vous fatiguer. Si vous voulez lire la suite de cette description très-exacte, elle se trouve à la page 58, tome II, de l'ouvrage cité.

— Montrez-nous comment on indique le mouvement *métronomique* d'un morceau.

— Voici :

(1) C'est absolument comme quand on diminue ou qu'on allonge le balancier d'une pendule, d'une horloge.

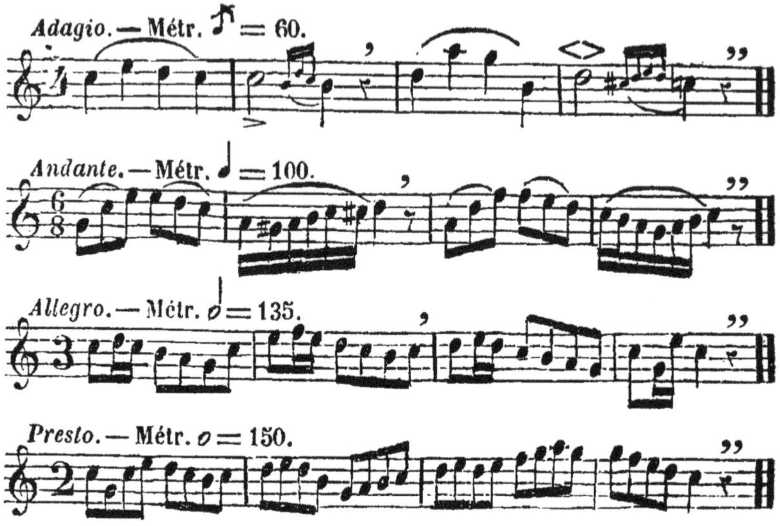

— Tout ceci n'est qu'approximatif; quoi qu'il en soit, vos exemples font bien comprendre l'emploi du métronome...

Est-il possible d'indiquer l'expression d'une pièce de musique tout aussi bien que son mouvement?

— On peut indiquer les deux à la fois. Par exemple : *Adagio expressivo, Andante con anima, Allegro spiritoso,* etc.

— Qu'entend-on par nuance?

— En peinture, la nuance est produite par le mélange, l'assortiment des couleurs; en musique, c'est la même chose, figurativement. Une toute petite différence dans l'exécution de deux notes de chant, la moindre variété dans l'attaque des sons sur le violon ou le piano, le plus petit changement dans le coup de langue, la position des lèvres en jouant de la flûte ou de la clarinette, voilà des nuances : c'est l'âme de la musique. Trouver l'expression vraie, la couleur, le ton poétique, qui conviennent au morceau; ménager des demi-teintes, ombrer pour faire ressortir la lumière, ce n'est pas autre chose que l'art de nuancer.

— Quel rapport y a-t-il entre la nuance et l'accent?

— On peut les regarder comme deux parents assez proches qui se sont réunis pour donner naissance à l'expression.

— Y a-t-il plusieurs sortes d'accents?

— Il y en a trois : d'abord l'accent *grammatical,* qui n'est que l'action d'appuyer plus sur les temps forts que sur les faibles, de marquer davantage tel endroit d'une période, au point de vue du rhythme; puis l'accent *oratoire* et *pathétique*, qui consiste dans une inflexion de voix plus forte et plus prononcée, dans une énergie plus marquée, attachée à un trait, à une note particulière de la mesure, du rhythme, de la phrase musicale. Comme la nuance, ces deux derniers accents concourent au coloris général, donnent de l'expression à la mélodie et sont tout à fait soumis aux lois musicales du sentiment.

— Qu'est-ce qu'une note d'agrément?

— C'est une petite figure qui vit aux dépens des grosses notes, et leur prête, en retour, un certain ornement.

— Qu'est-ce qu'un *trille?*

— C'est ce qu'il y a de plus beau dans le chant du rossignol; c'est, si vous voulez, un battement alternatif et précipité entre deux notes qui se touchent.

— Qu'est-ce qu'un *point d'orgue?*

— C'est un point surmonté d'un demi-cercle, qui se place sur les notes et sur les silences, pour indiquer qu'on peut s'y arrêter à volonté.

— N'est-ce pas aussi un prétexte à fioritures?

— Oh! oui, trop souvent interminables. La musique dramatique et de salon ne se composera bientôt plus que de fines dentelles, malines, valenciennes, points de Bruxelles, etc.; il n'y aura bientôt plus, dans les mélodies *absentes*, que fusées chromatiques, brillants feux d'artifice, sauts périlleux.

— Hélas! vous avez raison. C'est une peste que tous les cordons sanitaires ne pourraient arrêter. On ne sait plus quoi faire pour *casser* les voix, c'est le mot; crier ou gazouiller, voilà la mode... Mais hâtons-nous d'achever notre résumé complémentaire. Qu'est-ce qu'une *syncope?*

— C'est la prolongation sur un temps fort d'un son commencé sur un temps faible.

— Qu'est-ce qu'un temps fort?

— C'est celui qui peut être frappé et sur lequel on appuie plus.

— Qu'est-ce qu'un temps faible?

— Celui qui ne peut être frappé et sur lequel on appuie moins.

— Qu'est-ce qui produit une marche à contre-temps?

— C'est, par exemple, une succession de syncopes formées avec des noires entre des croches, ou des croches entre des doubles.

— Quelle différence y a-t-il entre une syncope régulière et une syncope brisée?

— La première se compose de deux notes d'égale valeur, ou d'une seule note qui se divise en deux parties égales, tandis que la seconde est toujours produite par deux notes d'inégale valeur.

— Parfaitement! parfaitement! Votre mémoire est heureuse; vous n'avez rien oublié de ce qui a fait le sujet de nos entretiens précédents. Veuillez apporter la même attention à ceux qui vont suivre, et vous serez initiées à tous les secrets de la théorie musicale.

FIN DU SEIZIÈME ENTRETIEN.

DIX-SEPTIÈME ENTRETIEN.

SOMMAIRE. — Altération des sons par le dièse et le bémol. — Définition de ces signes. — Leur emploi fixe ou accidentel. — Dans quel ordre on les place à la clef. — Raison logique de cette combinaison. — Division mathématique du ton. — Définition du bécarre. — Son utilité. — Le double dièse et le double bémol. — Y a-t-il un double bécarre?

LE MAÎTRE. Dans le commencement de nos excursions, nous avons discouru sur les altérations des valeurs ou durées des notes; étudions aujourd'hui les altérations des sons eux-mêmes, c'est-à-dire de leur intonation. Comment s'obtient ce résultat?

L'ÉLÈVE. Par l'emploi des dièses ou des bémols.

— Qu'est-ce qu'un dièse?

— C'est un signe représenté par deux doubles barres croisées ♯.

— D'où vient le mot *dièse* (1)?

— Du substantif grec *diésis*, de *diémi : je traverse*, comme l'indique l'excellent Dictionnaire étymologique de Marcella..

— Dites-moi à quoi sert ce signe?

— A hausser le son d'une note naturelle de cinq *comma*, soit cinq neuvièmes de ton.

— Il n'y a donc plus que quatre *comma* de la note diésée à la note naturelle qui la suit immédiatement?

— Sans doute.

— Pourquoi donc, dans notre première jeunesse, nous enseignait-on que de *fa* dièse à *sol*, par exemple, il y avait *un demi-ton majeur* (de *major*, plus grand), et que de *fa* naturel, ou inaltéré, à *fa* dièse, il n'y avait qu'*un demi-ton mineur* (de *minor*, plus petit)?

— Parce que vos professeurs étaient des ignorants : ils ont laissé, par malheur, nous assure-t-on, une nombreuse postérité. Voici la preuve de leur inqualifiable sottise : quand la voix est montée de *fa* naturel à *fa* dièse, où demande-t-elle à s'aller repo-

(1) Dans la musique des Grecs, il y avait le *diésis enharmonique* ou 4e partie du ton, le *diésis chromatique* ou 3e partie, et le *diésis majeur* ou la moitié du ton. C'est de ce dernier que notre dièse dérive.

ser? — Sur le *sol.* — Pourquoi le *fa* ♯ appelle-t-il le *sol?* — Parce qu'il en est plus près que du *fa* naturel. — Si donc la division du ton, opérée par le dièse, pouvait s'exprimer logiquement par ce mot *demi-ton,* il faudrait retourner la médaille et dire : De *fa* naturel à *fa dièse,* il y a un demi-ton majeur, et de *fa dièse* à *sol,* un demi-ton mineur.

Mais une *demie* doit contenir la moitié d'un tout et se trouver parfaitement égale à l'autre moitié de ce tout. Or, ce n'est pas ce qui arrive ici : d'où nous concluons que ce mot *demi-ton,* dans le sens où on l'applique, est une expression fausse qu'il convient de rayer du vocabulaire musical.

— Très-bien; mais comment faut-il dire?

— Il faut se servir du mot *comma;* c'est le seul moyen d'arriver à une division mathématique.

— N'existe-t-il pas, dans la musique des Grecs, un terme technique qui exprime assez bien ce que les théoriciens modernes appellent *un demi-ton majeur* ou *la plus grande moitié d'un ton?*

— Oui : c'est le mot *apotome* (d'*apotomè*, retranchement) qui peut être l'équivalent de cinq *comma.*

— Par quel autre terme remplacerez-vous ce qu'on nomme aujourd'hui, dans les écoles, *un demi-ton mineur?*

— Par le mot *limma*, qui représente quatre *comma* seulement.

— Bravo! Je vois que vous avez parcouru les Dictionnaires de Lichtenthal et de Marcella. Si vous voulez en savoir plus long sur la musique des Grecs, je vous conseille de feuilleter le grand ouvrage de M. Vincent, membre de l'Institut. Cette admirable étude didactique fait partie du tome XVI des *Notices et Extraits des manuscrits de la Bibliothèque impériale...*

Dans la mélopée (1) des Grecs, un *limma* serait, par exemple, l'intervalle de *mi* à *fa,* ou de *si* à *do.* Donc, si l'on veut, l'espace compris entre *do* naturel et *do* dièse formera une *apotome,* et celui de *do* dièse à *ré* un *limma.* Par conséquent, chaque ton entier renferme une *apotome* et un *limma.*

D'après J.-J. Rousseau, l'*apotome* est ce qui reste d'un *ton majeur* (majeur est charmant!) après qu'on en a retranché un *lim-*

(1) *Mélopée* voulait dire : *art de composer un chant.*

ma. Ceci prouve la justesse de votre raisonnement. En effet, qui de neuf ôte quatre, reste cinq ; si donc le *limma* représente quatre *comma*, soit quatre neuvièmes de ton, l'*apotome* doit équivaloir à cinq *comma* nécessairement. Nous n'avons besoin de rien de plus pour notre théorie pratique.

D'après les acceptions si diverses données par les anciens aux deux termes que vous venez d'employer, peut-être qu'aux yeux d'un linguiste et d'un physicien cette division de ton ne reposera pas sur un calcul sévère ; toutefois, je crois qu'en raisonnant ainsi, c'est couper court à la difficulté, dans la théorie comme dans l'application. D'ailleurs, vous avez suivi l'opinion de Philolaüs et de tous les pythagoriciens, Continuons. — Qu'est-ce qu'un *bémol*?

— C'est un signe représenté par un ♭, et qui abaisse le son de la note naturelle d'une *apotome* ou de cinq *comma*.

Écoutez ce que dit Jean-Jacques à ce sujet dans son Dictionnaire de musique :

« Gui d'Arezzo ayant autrefois donné des noms à six des notes de l'octave (1), desquelles il fit son célèbre hexacorde (2), laissa la septième sans autre nom que celui de la lettre B, qui lui est propre, comme le C au *do*, le D au *ré*, etc. Or, ce B se chantait de deux manières, savoir, à un ton au-dessus du *la*, selon l'ordre naturel de la gamme (3), ou seulement à un demi-ton du même *la*, lorsqu'on voulait conjoindre les tétracordes (4) (c'est le contraire aujourd'hui) ; car il n'était pas encore question de nos *modes* ou *tons* modernes.

« Dans le premier cas, le *si* sonnant assez durement, à cause des trois tons consécutifs, on jugea qu'il faisait à l'oreille un

(1) Le moine Gui l'Arétin ou Guido d'Arezzo était né vers l'an 995 ; il est regardé comme l'inventeur de l'*échelle diatonique* ou *gamme*. Ce ne fut que beaucoup plus tard, dans le XVIe siècle, à l'époque de la renaissance, que Monteverde inventa sa fameuse *septième sensible* (le *si* naturel), d'où découle tout notre système d'harmonie moderne. Dans l'ancien plain-chant, on appelait le *si*, *za* : il était toujours bémolisé, la septième sensible n'étant pas connue.

(2) Hexacorde vient du grec : *ex*, six, et *chordé*, corde (six cordes vocales ou six sons).

(3) Il eût dû ajouter : « *depuis la découverte de Monteverde.* »

(4) Tétracorde : de *tetrara*, quatre, et de *chordé*, corde.

effet semblable à celui que les corps anguleux et durs font à la main : c'est pourquoi on l'appela *B dur* ou *B quarre,* en italien *B quadro*. Dans le second cas, au contraire, on trouva que le *si* était extrêmement doux; c'est pourquoi on l'appela *B mol;* par la même analogie, on aurait pu l'appeler aussi *B rond*, et, en effet, les Italiens le nomment quelquefois *B tondo...* »

— A votre tour, rendez-nous sensible l'emploi du tétracorde.

— Du *do* d'en bas au *fa,* c'est le premier tétracorde de notre gamme; du *sol* au *do* d'en haut, c'est le second.

— Expliquez-nous les différentes manières dont on emploie les dièses et les bémols.

— Ils se placent soit à la clef, soit dans le courant du morceau : dans le premier cas, ils sont fixes ou constitutifs; dans le second, ils ne sont qu'accidentels.

— Développez cette réponse.

— Les dièses ou bémols fixes ont la propriété d'altérer, pendant toute la durée du discours musical, l'intonation des notes dont ils occupent les lignes ou les interlignes; d'où il résulte qu'ils servent à constituer toutes les gammes tirant leur origine de la gamme de *do :* cette dernière n'a besoin ni des uns ni des autres, puisqu'elle est naturelle.

Les dièses ou bémols accidentels sont ceux qu'on rencontre par hasard à différents endroits d'une pièce de musique, qui n'ont de valeur ou d'effet que dans la mesure où ils se trouvent; qui s'emploient par euphonie, ou plus souvent encore pour passer d'une gamme à une autre. Ce sont des espèces de tirailleurs, qu'on voit partout où il y a des secours à donner, et qui n'ont de poste fixe nulle part.

Vous saurez plus tard que, changer de gamme, c'est ce qu'on appelle improprement *moduler*.

— Dans quel ordre les dièses se placent-ils à la clef?

— Dans l'ordre suivant :

fa,do,sol,ré,la,mi,si.

Exemple :

— Et les bémols?

— A l'inverse des dièses :

si, mi, la, ré, sol, do, fa.

Exemple :

Ainsi les dièses se groupent de quinte en quinte en montant, ou de quarte en quarte en descendant, et les bémols de quinte en quinte en descendant, ou de quarte en quarte en montant.

— Pourquoi donc ne pas faire suivre, aux uns, l'ordre naturel de la gamme ascendante, et, aux autres, celui de la gamme descendante?

— Parce que l'enchaînement, la succession des gammes le veulent autrement.

— Cela suffit. Nous reviendrons bientôt sur cette intéressante question. Dites-nous ce que c'est qu'un bécarre?

— C'est un signe représenté par un b carré ♮, comme il a été dit plus haut.

— A quoi sert-il?

— A détruire l'effet du dièze ou du bémol, c'est-à-dire à remettre la note dans son état naturel.

— Peut-on le placer à côté d'une note inaltérée?

— Non; ce serait un emplâtre sur une jambe de bois. On n'a pas besoin de rendre naturel ce qui l'est d'avance; or, le bécarre n'a que cette propriété.

— Dans quel ordre les bécarres se placent-ils à la clef?

— Dans l'ordre des dièses ou des bémols, qu'ils remplacent. Ils leur disent très-poliment : « Otez-vous de là que nous nous y mettions. » Mais ils ne se placent pas en tête du discours musical, puisque naturellement il faut qu'il y ait d'abord eu des dièses ou des bémols pour les chasser et s'installer à leur place. C'est lors des changements de *ton*, de *mode*, que cette supplantation a lieu; jamais autrement.

— Qu'est-ce qu'un double dièse?

— C'est un signe représenté de cette manière ♯, ou de celle-ci ✕, et qui sert à hausser encore de cinq *comma* une note déjà diésée.

— Mais il serait bien plus simple, au lieu de diéser doublement une même note, de s'adresser à la note naturelle qui suit. *Fa* double dièse, par exemple, n'offre-t-il pas le même ton que *sol* naturel?

— Sur le piano, oui; mais avec la voix ou tout autre instrument de musique, non.

— Quelle différence y a-t-il donc?

— Un neuvième de ton. De *fa* naturel à *fa* ♯ il y a cinq *comma;* de *fa* ♯ simple à *fa* double dièse, encore cinq *comma;* total, *dix:* tandis que de *fa* naturel à *sol* il ne s'en trouve que neuf, comme nous le savons déjà. Ce *fa* double dièse est donc plus haut que le *sol* naturel.

— Les doubles dièses se placent-ils à la clef?

— Non, jamais.

— Pourquoi cela?

— Parce que déjà le nombre des dièses simples est égal à celui des notes de la gamme modèle, et qu'une fois toutes ces notes altérées par eux, on retombe, pour ainsi dire, dans la gamme naturelle. Ainsi, *do* ♯ majeur, qui doit exiger sept dièses à la clef, produit à l'oreille l'effet de *do* majeur naturel, seulement, dans un diapason un peu plus élevé. Mais si l'on ne voit pas la musique, il faut avoir l'ouïe très-exercée pour s'apercevoir, à la simple audition, de la différence.

— Quand se sert-on donc des doubles dièses?

— Toutes les fois qu'on veut produire la septième sensible accidentelle d'une gamme mineure, qui présente déjà beaucoup de dièses à la clef.

— Donnez-en un exemple?

— *Sol* dièse mineur a pour septième sensible *fa* double dièse, qui, comme nous ne l'ignorons pas, est plus rapproché du *sol* dièse que le *sol* naturel, et toute *sensible* doit être à la distance de quatre *comma* seulement de la tonique qui la suit et lui sert de repos. D'ailleurs, on ne pourrait pas dire : *sol, la, si, do, ré, mi, sol, sol;* il faut bien un *fa*.

— Les doubles dièses ne sont-ils pas employés parfois simplement par euphonie?

— Oui. Exemple :

— Très-bien. Voilà la nécessité des doubles dièses établie par des faits. Qu'est-ce qu'un double bémol?

— C'est un signe représenté par un double ♭ (♭♭) et qui sert à abaisser encore de cinq *comma* une note déjà bémolisée. Comme le double dièse, il n'est qu'accidentel. On l'emploie surtout par euphonie.

Exemple :

— Se sert-on de doubles bécarres?

— Non ; par une raison toute simple : c'est qu'on ne passe jamais subitement d'une note doublement diésée ou doublement bémolisée à la note naturelle, et *vice versâ*. D'abord on revient au dièse ou au bémol simple; puis, plus tard, si la modulation l'exige, on se repose sur la note inaltérée.

Mais l'usage contraire existât-il, le bécarre simple remplirait parfaitement le but, puisque son office est de remettre la note dans son état primitif ou naturel.

Quand on veut retrancher le double dièse, on met à sa place les deux signes réunis du dièse simple et du bécarre; s'il s'agit du double bémol, on lui substitue le bémol simple et le bécarre accouplés.

— Très-bien.

FIN DU DIX-SEPTIÈME ENTRETIEN.

DIX-HUITIÈME ENTRETIEN.

SOMMAIRE. — Des diverses acceptions du mot *ton*. — Tonalité moderne. — Notes tonales. — Notes modales. — Gamme-modèle des tons majeurs. — Gamme-modèle des tons mineurs. — Construction logique de cette dernière. — Ton principal et ton relatif.

LE MAITRE. Que veut dire le mot *ton?* A-t-il des acceptions diverses?

L'ÉLÈVE. Le mot *ton* signifie d'abord (nous le savons déjà), l'intervalle compris entre deux notes conjointes, comme *do-ré, fa-sol*, etc. On entend aussi par *ton* le lieu, la place du son. Ainsi l'on dit des instruments qui s'accordent qu'ils prennent le *ton*, c'est-à-dire le *la*, note centrale, point de départ, produit uniforme et unique du diapason normal.

Nous n'ignorons pas qu'en Italie c'est le *do* qui sert de point central. Lorsqu'on s'accorde sur le *la*, dans nos orchestres, le chef de la troupe instrumentale le demande d'abord à la flûte ou à la clarinette, puis le communique à tous les chefs de pupitre des instruments à cordes. On fait de même pour les voix dans les masses chorales.

Le mot *ton* signifie aussi la gamme, avec les éléments de laquelle un morceau de musique est composé. Ainsi, l'on dit: être dans le *ton* de *do*, ou bien encore : être en *do;* ce qui indique que le discours musical a pour *tonique* ou note principale, ou point final, *do* lui-même; de plus, qu'il est formé de la combinaison des notes naturelles de cette gamme.

— Qu'entend-on par *tonalité?*

— On entend la *constitution*, la *construction* même de la gamme primitive ou modèle, et de toutes les autres, qui en dérivent nécessairement.

— Qu'est-ce qui constitue la tonalité moderne?

— C'est l'affinité, le rapprochement naturel qui existe entre la troisième et la quatrième, de même qu'entre la septième et la huitième note d'une gamme quelconque. Dans celle de *do*, par exemple, *fa* appelle *mi* comme *si* appelle *do*. On pourrait dire aussi que *mi* appelle *fa*, mais c'est pour passer de la gamme de *do* dans celle de *fa* majeur ou mineur. Ce fondement principal de notre système harmonique actuel est dû, comme nous l'avons dit, au génie de Monteverde. Il a singulièrement enrichi le domaine musical, qu'il a rendu, pour ainsi dire, inépuisable. Les temps qui précédèrent l'apparition de cet admirable inventeur devaient se contenter d'harmonie plagale, d'accords parfaits. La monotonie naissait forcément de cette uniformité.

— Qu'entend-on par *notes tonales ?*

— On entend des notes principales qui constituent le *ton* dans lequel on est, qui en sont comme la charpente. Ce sont la *tonique* ou première note de la gamme, la *quarte* et la *quinte.*

— Pourquoi ces notes s'appellent-elles tonales plutôt que les autres ?

— Parce qu'elles sont les toniques de trois accords parfaits majeurs renfermant la gamme dont ces notes font partie. Ainsi, dans l'échelle-modèle, *do, fa, sol,* sont les toniques de : *do-mi-sol ; fa-la-do ; sol-si-ré.* Dans ces trois accords parfaits se trouve la gamme de *do* tout entière.

— Vous empiétez en nous parlant d'accords. Plus tard, nous traiterons à fond cette question vitale.

Vous vous rappelez sans doute que les tonales : *do, fa, sol,* sont aussi le nom des trois clés?

— Oui.

— Ces notes fondamentales sont-elles invariables ?

— Oui.

— Pourquoi ?

— Parce qu'en les altérant on changerait le *ton* qu'elles servent à constituer. Quand vous êtes en *do,* par exemple, si vous diésez la tonique, vous passez accidentellement en *ré* mineur ou majeur ; si vous diésez le *fa,* vous passez en *sol* majeur ; si vous diésez le *sol,* vous passez en *la* majeur ou mineur.

— Très-bien. Nous verrons tout à l'heure la série des tons majeurs et mineurs avec dièses ou bémols. Qu'entend-on par *mode ?*

— On entend par *mode* la manière d'être du ton ; en effet, c'est le mode qui donne à la gamme le caractère majeur ou mineur.

On dit être en *do*, mode-majeur; être en *la*, mode-mineur.

— Qu'est-ce qui distingue le majeur du mineur ?

— Ce sont la tierce et la sixte. Quand ces deux intervalles sont majeurs et que la septième sensible est fixe, on est forcément en majeur ; si, au contraire, ils sont mineurs, et que la septième sensible soit accidentelle, on est forcément en mineur.

— Qu'entend-on par *notes modales ?*

— On entend celles qui servent à constituer le mode. Ce sont précisément les intervalles que nous venons de nommer : la *tierce*, la *sixte* et la *septième*.

— A quelle distance sont-elles des tonales ?

— A la distance d'une tierce.

— Sont-elles variables ?

— Oui.

— Pourquoi ?

— Parce qu'on peut les altérer sans changer de ton. Si nous sommes en *do* majeur, que ferons-nous pour passer en *do* mineur? Nous abaisserons les trois modales, *mi*, *la*, *si*, qui sont, chacune, comme nous l'avons dit, à une tierce des tonales.

Exemple :

Pour repasser en majeur, nous remettrons les notes altérées dans leur état naturel.

Exemple :

— Montrez-nous cette transformation, d'abord dans un ton diésé, puis dans un ton bémolisé.

— Voici :

Nous avons pris nos exemples au hasard. Cette opération s'applique indistinctement à tous les tons. Ainsi donc, dans toute gamme majeure, les modales forment une tierce majeure avec les tonales, tandis que, dans toute gamme mineure, elles ne forment qu'une tierce mineure avec ces mêmes tonales. Ceci nous amène à conclure que, si l'on veut transformer en mineur un ton majeur qui présente quatre, cinq, six ou sept dièses à la clé, jamais on ne doit retrancher plus de trois de ces dièses, puisqu'il y a seulement trois tierces à abaisser ; de même aussi, quand on transforme en majeur un ton mineur qui demande quatre, cinq, six ou sept bémols à la clé, il ne faut pas en retrancher plus de trois, puisqu'il n'y a que trois tierces à hausser. Enfin, dans les cas susdits, un ton majeur, diésé ou bémolisé, ne peut jamais avoir que trois dièses de plus ou trois bémols de moins que ce même ton, supposé mineur.

Ainsi, *mi* majeur a quatre dièses, *mi* mineur, un seul ; *fa* majeur n'a qu'un bémol, *fa* mineur en a quatre.

— C'est très-logique. Quel est le modèle des tons majeurs ?

— Nous le savons déjà ; c'est *do*.

— Pourquoi possède-t-il ce beau titre?

— Parce qu'il est le chef de la troupe, le père de toutes les gammes majeures ; parce que, seul, il n'a besoin ni de dièses ni de bémols ; ce qui le fait appeler *ton naturel*.

— Quel est le modèle des tons mineurs ?

— C'est *la* mineur.

Parce qu'il est aussi le plus naturel parmi ses semblables et qu'il les a tous engendrés.

Comme *do* majeur, il n'a besoin ni de dièses, ni de bémols *constitutifs*.

— Mais peut-il se passer de dièses *accidentels* ?

— Non.

— Pourquoi ?

— Parce qu'il lui faut une septième sensible accidentelle pour faciliter un repos sur la tonique-octave.

— Vous avez raison. Si le *sol*, dans cette gamme mineure (marche ascendante), était naturel, il n'appellerait pas le *la*, tonique supérieure, mais il glisserait plutôt sur le *fa* naturel, sixte mineure. Alors l'échelle serait incomplète.

Quant à la nature de la septième sensible et au puissant accord qu'elle sert à former, nous en parlerons plus tard.

Mais, en montant la gamme de *la* mineur de cette manière :

La, si, do, ré, mi, fa, sol ♯, *la*, quelque chose d'irrégulier frappe l'oreille.

— C'est vrai. Voilà pourquoi les théoriciens logiques, comme Choron et quelques autres, admettent la sixte majeure dans la gamme mineure ascendante. Ils ont trois fois raison. En effet, si la gamme majeure ne renferme que deux tons plus petits que les autres, pourquoi n'en serait-il pas de même de la gamme mineure dont elle est la source ? Pourquoi, par exemple, cette gamme, qui semble déjà moins naturelle que sa mère, donnerait-elle *quatre comma* seulement de la quinte à la sixte, puis *quatorze comma* de la sixte à la septième ? Il est bien plus simple d'altérer accidentellement la sixte en montant, que de faire un saut dangereux de la sixte mineure à la septième majeure. Par cette altération rationnelle, on obtient un ton entier de la quinte à la sixte mineure devenue majeure, comme de cette sixte à la septième, majeure aussi, et qui se trouve être à un *limma* de l'octave. En descendant l'échelle, on retranche ces deux altérations, ces deux dièses accidentels, seulement nécessaires en gagnant l'octave supérieure, et l'on voit alors la relation parfaite de la gamme mineure avec la gamme majeure dont elle dérive.

Exemple :

Si, au contraire on établit le ton relatif mineur de la manière suivante :

on commet d'abord un péché contre l'euphonie; puis, en adoptant une septième sensible *fixe*, propriété exclusive du ton majeur, on détruit la nature même du mineur, qui devient un ton *mixte*, moitié mineur, moitié majeur. Nous traitons ici la question au point de vue classique; mais nous sommes loin de prétendre qu'il faille rejeter ce ton mixte, dont l'expression est parfois indicible.

— Cette concession était nécessaire. Achevons notre discussion.

Vous avez parlé de ton relatif; expliquez-nous ce que c'est.

— Un ton mineur est relatif d'un ton majeur (*et vice versâ*), quand il a autant de dièses ou de bémols que lui à la clé: c'est alors un parent très-proche.

— Eh bien! si le ton majeur n'a ni dièses ni bémols constitutifs?

— Il faut que le mineur relatif n'en ait pas non plus; c'est ce qui arrive pour le ton de *la* mineur, relatif du ton *do* majeur.

— A quelle distance le relatif doit-il être du ton principal?

— A une tierce mineure en dessous.

— Qu'est-ce qu'une tierce mineure?

— C'est un composé d'un ton et d'un *limma,* comme *la-do, ré-fa*.

— Qu'est-ce qu'une tierce majeure?

— C'est le produit de deux tons entiers: soit, *do-mi, fa-la*.

— Très-bien: Nous voulions attaquer la série des gammes diésées et bémolisées; mais la colonne serait trop longue à inspecter pour aujourd'hui. Je tâcherai, dans notre prochaine course, de vous faire savoir les moyens de se reconnaître à trouver ce labyrinthe.

FIN DU DIX-HUITIÈME ENTRETIEN.

DIX-NEUVIÈME ENTRETIEN.

SOMMAIRE. — Ordre de succession des gammes diésées et bémolisées. — Raison mathématique de la position respective des dièses et des bémols. (1re partie.)

Le Maitre. Dans quel ordre se suivent les tons majeurs diésés ?

L'Élève. Ils se suivent de quinte en quinte en montant, ou de quarte en quarte en descendant.

— Vous rappelez-vous que les dièses procèdent de même ?

— Oui.

— Vous en saurez la raison tout à l'heure. Poursuivez.

— Ainsi donc, après le ton de *do*, viennent successivement les tons de *sol*, de *ré*, de *la*, de *mi*, de *si*, de *fa* dièse et de *do* dièse.

— Pourquoi cet ordre ?

— Parce que les gammes diésées s'altèrent de plus en plus de quinte en quinte en montant, ou de quarte en quarte en descendant. En effet, la gamme de *sol*, qui se trouve à une quinte au-dessus du *do*, demande un dièse à la clé ; celle de *ré*, qui est à une quinte au-dessus du *sol*, en demande deux ; celle de *la*, qui est à une quinte au-dessus du *ré*, en demande trois ; ainsi de suite.

— Maintenant, qui donc oblige le ton de sol à s'embarrasser d'un dièse ?

— Cette règle que vous nous avez enseignée : *toute gamme majeure devra se modeler sur celle de do.*

— Qu'est-ce que cela prouve ?

— Cela prouve que les *tons* plus ou moins grands qui composent la gamme de *do*, doivent se retrouver à la même place dans celle de *sol*. Or, voici comment ils sont répartis dans l'échelle modèle : un *ton* ou neuf *comma*, de la première à la seconde note; *idem*, de la seconde à la troisième ; un *limma* ou quatre *comma*, de la troisième à la quatrième ; un *ton*, de la quatrième à la cinquième; *idem*, de la cinquième à la sixième; *idem*, de la sixième à la septième; enfin, *limma* de la septième à la huitième. Eh bien! dans la gamme de sol, qui précède de même jusqu'à la sixte, le second *limma* se trouve de la sixième à la septième note au lieu d'être de la septième à la huitième, c'est-à-dire de *mi* à *fa*, au lieu d'être de *fa* à *sol*. Le seul moyen d'arranger les choses est donc de diéser le *fa* pour former un ton plein de la sixième à la septième note, et un *limma* seulement, de la septième à la huitième, comme dans la gamme de *do*.

D'ailleurs, sans ce *fa dièse*, il n'y aurait pas de septième sensible; car pour que la septième note soit sensible, c'est-à-dire pour qu'elle fasse sentir la huitième, qu'elle tende à monter vers elle, il est urgent, nous le savons, qu'elle ne soit pas éloignée de plus de quatre *comma* de cette huitième. Si vous laissez le *fa* naturel, ce *fa* glissera sur le *mi* au lieu de monter péniblement au *sol*: il se reposera ainsi sur la tierce du ton de *do*, qui prendra la place du ton de *sol*.

Gamme de *sol*.

On voit que la gamme ascendante et descendante forme comme une échelle double qu'on monte d'un côté et qu'on descend de l'autre.

— Pourquoi la gamme de *ré* prend-elle deux dièses?

— Parce que ses deux *limma* se trouvent mal placés; on ne peut les remettre à leur poste qu'au moyen de ces signes d'altération. Ces dièses sont de terribles voisins; ils ont la puissance de tout bouleverser! Dans la gamme de *ré*, le premier *limma* ferait triste figure du *mi* au *fa*, comme le second du *si* au *do*: leur véritable station est entre le *fa* et le *sol*, entre le *do* et le *ré*; c'est ce qu'on obtient en diésant le *fa* et le *do*. Voilà l'emploi des deux dièses motivé.

Gamme de *ré*.

— Pourquoi la gamme de *la* exige-t-elle trois dièses?

— Parce que ses deux *limma* et son troisième *ton* feraient fausse route sans leur secours. De *la* à *do* naturel, il n'y aurait qu'une tierce mineure ; elle doit être majeure : le premier *limma* se trouverait donc du second au troisième degré, au lieu d'être du troisième au quatrième. Il y aurait encore un *limma* parasite entre le *mi* et le *fa*, et c'est un ton plein qui a le droit de s'y caser. Enfin, avec le *sol* naturel, le second *limma* rationnel se trouverait du sixième au septième degré, au lieu d'être du septième au huitième, pour établir *la sensible*.

Gamme de *la*.

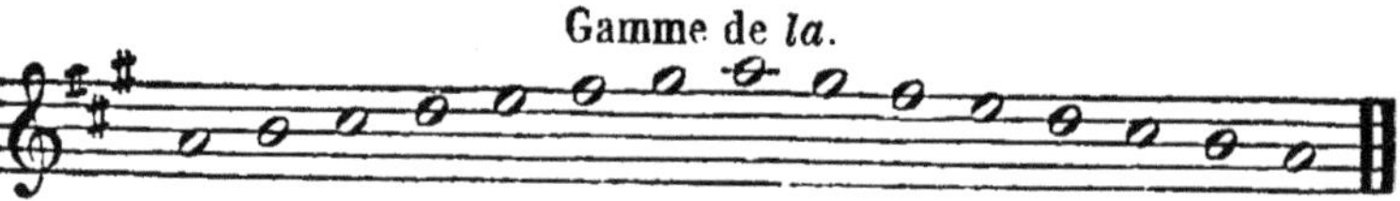

Plus on monte de quinte en quinte et plus on trouve les *tons* et les *limma* dérangés. Il faut donc, graduellement, une plus forte dose de ces *altératifs* pour mettre en bon état toutes les gammes de la série qui nous occupe. Ainsi, l'échelle de *mi* dépense quatre dièses ; celle de *si* cinq ; celle de *fa* dièse en consomme six ; enfin, celle de *do* dièse les accapare tous.

Moyennant la combinaison susdite, les degrés de ces divers escaliers vocaux se trouvent si bien mesurés sur ceux de leur patron, qu'on peut les monter et les descendre tous en disant toujours *do, ré, mi, fa, sol, la, si, do, si, la, sol, fa, mi, ré, do,* sur des tons ou un diapason différents, bien entendu.

— Vous dites vrai. Ce procédé commode, qui simplifie tout jusqu'à une certaine barrière, dont la garde est confiée à toute la troupe des instruments; ce procédé, prôné d'abord par Jean-Jacques, ainsi que la notation musicale en chiffres, est le grand cheval de bataille des Galin, des Paris, des Chevé, des Danel et de quelques autres novateurs plus ou moins habiles. Remarquez que *novateur* ne veut pas dire forcément *homme* de progrès.

Tous ont raison sur plusieurs points et tort sur les principaux, dont la discussion serait ici un hors-d'œuvre. J'ai déjà dit que, dans mon opinion formulée ailleurs, la méthode Danel l'emportait de beaucoup sur les autres. La musique en chiffres donne d'abord de très-beaux, de très-prompts résultats; c'est quelque chose. Elle est excellente pour populariser les œuvres chorales classiques renfermées dans un certain cadre, celles dont l'harmonie n'est pas trop compliquée, trop modulée ; mais il lui sera toujours difficile, sinon impossible, de répondre aux exigences de la transposition instrumentale. D'autres critiques plus habiles que moi l'ont prouvé. Franchir ce mauvais pas, *that is the question!*

Du reste, après un certain laps de temps consacré à cette notation mathématique, il faut toujours en venir à celle employée depuis plus de 70 ans, sans interruption, dans nos conservatoires, à cette écriture vivante, variée, artistique, dont se sont servi, aux époques les plus reculées de notre histoire musicale, les maîtres les plus illustres, et dont leurs successeurs se servent encore. On ne s'amusera pas sans doute à graver en chiffres les magnifiques partitions, les innombrables chefs-d'œuvre de ces immortels génies, et à mettre au feu toutes ces belles éditions que nous aimons à parcourir, qui flattent plus la vue, qui excitent plus l'imagination que la sécheresse des chiffres. Abandonnez-les aux calculateurs monomanes; laissez aux beaux-arts leur prestige, si vous tenez à ne pas les faire entrer dans le domaine glacial de la géométrie. Le siècle est assez enfoncé dans la mécanique; admirons les prodiges qu'elle enfante, mais ne faisons pas alliance avec elle.

— Dans quel ordre se suivent les gammes majeures bémolisées ?

— Elles se suivent de quinte en quinte en descendant, ou de quarte en quarte en montant.

— Vous rappelez-vous que les bémols suivent absolument la même route ?

— Oui.

— Vous en saurez la raison tout à l'heure. Poursuivez.

— Ainsi donc, après le ton de *do* viennent successivement les tons de *fa*, de *si* bémol, de *mi* bémol, de *la* bémol, de *ré* bémol, de *sol* bémol et de *do* bémol.

— Pourquoi cet ordre?

— Parce que les gammes bémolisées s'altèrent de plus en plus de quinte en quinte en descendant, ou de quarte en quarte en montant. En effet, la gamme de *fa*, qui se trouve à une quinte au-dessous de *do*, demande en bémol à la clé; celle de *si* bémol, qui est à une quinte au-dessous de *fa*, en réclame deux; celle de *mi* bémol, qui est à une quinte au-dessous de *si* bémol, ne peut exister si elle n'en a pas trois. Ainsi du reste.

— Maintenant, à quoi sert un bémol dans le ton de *fa*?

— Il remet à sa place un *limma* qui n'y était plus, et fait que tous les intervalles conjoints (1) se trouvent distribués dans cette gamme comme dans celle de *do*.

Commencez l'échelle par un *fa*, naturellement vous trouverez trois tons, de la première à la quatrième note.

Exemple :

tandis qu'il ne faut que deux tons et un *limma*.

Exemple :

l'emploi du bémol est donc motivé.

Gamme de *fa*.

— Pourquoi deux bémols dans le ton de *si* bémol?

— Pour des raisons également péremptoires. D'abord, il est bien clair que si vous n'accoliez pas un bémol au *si*, ce ne serait plus une gamme de *si* bémol, mais bien une gamme de *si* naturel que vous feriez, et, alors, au lieu de deux bémols, il faudrait cinq dièses à la clé. Puis ce bémol, en rapprochant le *si* du *la*, pour faire de ce *la* une septième sensible, éloigne ce même *si* du *do* pour donner au premier intervalle de le gamme l'élévation d'un *ton* plein. De même, le second bémol, affecté au *mi*, rapproche le premier *limma*, trop éloigné d'un degré.

Si bémol *do-ré-mi* bécarre (mauvais).
Si bémol *do-ré-mi* bémol (bon).

(1) Les intervalles ou degrés conjoints sont comme de *do* à *ré*, de *ré* à *mi*; les intervalles disjoints, comme de *do* à *mi*, de *do* à *fa*, etc.

Gamme de *si* bémol.

— Pourquoi trois bémols dans la gamme de *mi* bémol?

— Toujours pour le même objet. Il faut bien que le *mi* soit bémolisé pour qu'on soit en *mi* bémol, autrement on entrerait dans la gamme de *mi* majeur avec quatre dièses à la clé au lieu de trois bémols. Puis, ce bémol permet encore d'établir un ton plein du *mi* au *fa*.

Quant au *la* bémol, il rapproche le premier *limma*, trop haut d'un degré; enfin, le *si* bémol empêche que du *la* bémol au *si* naturel supposé, il n'y ait *quatorze comma*, ce qui choquerait l'oreille et détruirait les lois immuables de la gamme.

Donc, plus on descend de quinte en quinte et plus on trouve les *tons* et les *limma* dérangés. Donc, à chaque nouvelle gamme qui apparaît, il faut un bémol de plus. Ainsi, l'échelle de *la* bémol exige quatre bémols; celle de *ré* bémol, cinq; celle de *sol* bémol en veut une demi-douzaine; enfin celle de *do* bémol n'en a pas trop de sept.

— Eh bien! comprenez-vous, à l'heure qu'il est, pourquoi les dièses se suivent de quinte en quinte en montant, et les bémols de quinte en quinte en descendant?

— Sans doute: il suffit pour cela de quelques grains de bons sens.

— Au prochain entretien, vous nous mettrez dans la confidence.

— Avec grand plaisir.

— Halte! il en est temps.

FIN DU DIX-NEUVIÈME ENTRETIEN.

VINGTIÈME ENTRETIEN.

SOMMAIRE. — Raison mathématique de la position respective des dièses et des bémols (deuxième partie). — Énumération de toutes les gammes majeures et mineures. — Tableau de leur relativité.

LE MAÎTRE. On nous a promis, au sujet des dièses et des bémols constitutifs, une de ces confidences qu'on peut faire devant tout le monde; je tiens même beaucoup à ce qu'elle ne soit pas secrète. Voulez-vous entrer en matière?

L'ÉLÈVE. Très-volontiers.

— Parlez-nous donc d'abord des dièses, et faites-nous toucher au doigt leur puissante action sur les gammes.

— Nous y voici. Les dièses servent tous à former des *septièmes sensibles*: *fa* dièse, celle de *sol*; *do* dièse, celle de *ré*; *sol* dièse, celle de *la*; *ré* dièse, celle de *mi*; *la* dièse, celle de *si*; *mi* dièse, celle de *fa* dièse; *si* dièse, celle de *do* dièse. Or, chacun d'eux est forcément sur les talons d'une tonique, lui saute presque sur le dos. Si donc toutes ces toniques se succèdent logiquement par quintes ascendantes, tous les dièses sont obligés de suivre une marche semblable. En effet, *fa* dièse, *do* dièse, *sol* dièse, par exemple, se trouvent aussi bien à une quinte les uns des autres que les toniques de *sol*, de *ré*, de *la*, dont ils sont les sensibles.

— A présent, au tour des bémols. Quel est leur rôle?

— Ils servent à détruire des septièmes sensibles, au lieu d'en former.

Le *si* bémol anéantit la sensible de *do* pour établir la gamme de *fa*. De sorte que le *si* naturel, qui, tout à l'heure, était l'avant-dernier degré de la gamme modèle et tendait à monter au huitième, devient, après son altération, le quatrième degré de la nouvelle échelle et tend à descendre au troisième, c'est-à-dire au *la*, première tierce majeure de *fa*.

Le *mi* bémol détruit, à son tour, la sensible de *fa*, pour constituer le ton de *si* bémol. Le *la* bémol chasse de même celle de *si* bémol pour mettre à la place de cette gamme le ton de *mi* bémol. Le *ré* bémol fait faire la culbute à l'avant-coureur de la tonique *mi* bémol, pour consacrer la domination du ton de *la* bémol. Le *sol* bémol, en donnant le coup de grâce à la sensible de *la* bémol, invite la gamme de *ré* bémol à prendre le sceptre. Le *do* bémol vient le briser, et proclamer roi le ton de *sol* bémol. Enfin, le *fa* bémol met aussi à la porte la sensible de *sol* bémol, et laisse le pouvoir à la gamme de *do* bémol, jusqu'à ce qu'une autre révolution harmonique vienne le lui enlever.

— Allons, en musique, la royauté n'est pas solide; il faut peu de chose pour la renverser. Nos compositeurs excentriques en font beaucoup de ces révolutions-là! Selon leur bizarre caprice, les différents *tons*, les différents *modes* se heurtent, se croisent, passent et repassent dans une même pièce de musique comme dans un kaléidoscope, c'est pire qu'une lanterne magique! Ils croient, ces messieurs, enfanter du sublime, et ne font que du galimatias. L'excès en tout est un défaut. Pour faire de l'art, il faut de la science, mais pas trop n'en faut; c'est le piédestal, n'en faites pas la statue!... Que concluez-vous de ce que vous venez de dire au sujet des bémols?

— Qu'il en est d'eux comme des dièses; que le *si* bémol, le *mi* bémol et le *la* bémol, par exemple, se succèdent aussi bien par quintes descendantes que les tons de *fa*, de *si* bémol et de *mi* bémol, dont ils sont les compagnons inséparables.

— Si la théorie de toutes ces échelles diatoniques vous semble intéressante, la pratique en est bien plus admirable : il faudra vous y exercer longtemps; c'est le chemin le plus direct pour arriver à l'harmonie.

Quel est le nombre des gammes majeures et mineures, soit avec des dièses, soit avec des bémols?

— Tout ce qui précède nous l'indique; il est donc facile à dire et même à retenir, car il se retrouve souvent dans la théorie musicale. Puisque chacune des notes de l'échelle modèle peut devenir tonique d'une autre échelle diatonique, on doit trouver d'abord sept gammes majeures diésées, ci. 7

Idem. majeures bémolisées, ci. . . . 7

A reporter. 14

Report.	14
Puis, chaque ton majeur étant susceptible de se transformer en mineur, on doit trouver encore le même nombre de tons mineurs diésés, ci.	7
Idem mineurs bémolisés, ci.	7
Plus les deux tons modèles de *do* majeur et de *la* mineur, ci.	2
Total.	30

Reste même, comme supplément indispensable, la gamme chromatique, qui prend sa source dans toutes les autres et confond les deux *modes*.

Pour en revenir au chiffre 7, que les adeptes de Nostradamus regarderaient ici comme un nombre cabalistique, nous devons nous rappeler ce qui suit :

L'alphabet musical se compose de *sept* syllabes; il y a *sept* tons, petits ou grands, dans l'escalier vocal; *sept* intervalles naturels; *sept* figures de note; *sept* figures de silence; *sept* dièses; *sept* bémols; *sept* bécarres pour détruire les dièses, et *sept* autres pour annuler les bémols; *sept* toniques et *sept* sensibles pour la série des gammes majeures diésées, autant pour celle de leurs tons relatifs; *sept* toniques et *sept* sensibles pour la série des gammes majeures bémolisées, autant pour celle de leurs tons relatifs.

Ce fameux chiffre 7 se retrouve encore ailleurs. Il y a *sept* mesures indispensables, savoir : celles à 4, à 5, à $\frac{2}{4}$, à $\frac{3}{4}$, à $\frac{6}{8}$, à $\frac{9}{8}$ et à $\frac{12}{8}$; *sept* mouvements principaux : *largo*, *adagio*, *andante*, *andantino*, *allegretto*, *allegro*, *prestissimo;* enfin, *sept* accents grammaticaux : le *point d'orgue* (repos indéterminé), la *virgule* (demi-respiration), la *double virgule* (respiration complète), le *piqué* (*piccato*), le *détaché* (*staccato*), le *pointé* (*punto*), et le *lié* (*legato*).

— Quelle armée de 7, grand Dieu! C'est à faire fuir tous les enthousiastes des nombres pairs, moi, tout le premier, qui ai foi dans les 6 simples ou les nombres multipliés par six! Si votre étoile vous eût fait naître en Grèce, du temps de Périclès, vous eussiez aimé les instruments à 7 cordes. Au fait, vous pouvez aller en Angleterre, vous y entendrez avec plaisir ce qui me rendrait fou, des concerts de *sept* flûtes! Vous ne seriez pas de l'avis de Cherubini, qui disait : « Rien n'est plus ennuyeux qu'une « flûte, si ce n'est *deux* flûtes. »

— Notre nomenclature n'est qu'une espèce de *mnémonique*, et ne prouve pas le moins du monde que nous ayons les 7 en grande vénération. Nous pensons comme Cherubini et vous à l'égard des flûtes, qui donnent plus de *vent* que de *son*, à moins d'être jouées par des virtuoses de premier ordre, Dorus et Tulou, par exemple.

Quant aux maigres instruments des Grecs anciens, qui sont assurément nos maîtres en bien des choses, nous préférons de beaucoup ceux qu'on emploie dans les inimitables orchestres de France, et dont se servent aussi avec succès les Allemands, les Italiens et les Belges.

— Bien parlé! Mais revenons à nos gammes. Donnez-nous d'abord la série des tons majeurs diésés et de leurs relatifs mineurs; ceux de *do* majeur et de *la* mineur serviront d'avant-garde.

— Tout le bataillon va défiler devant vos yeux.

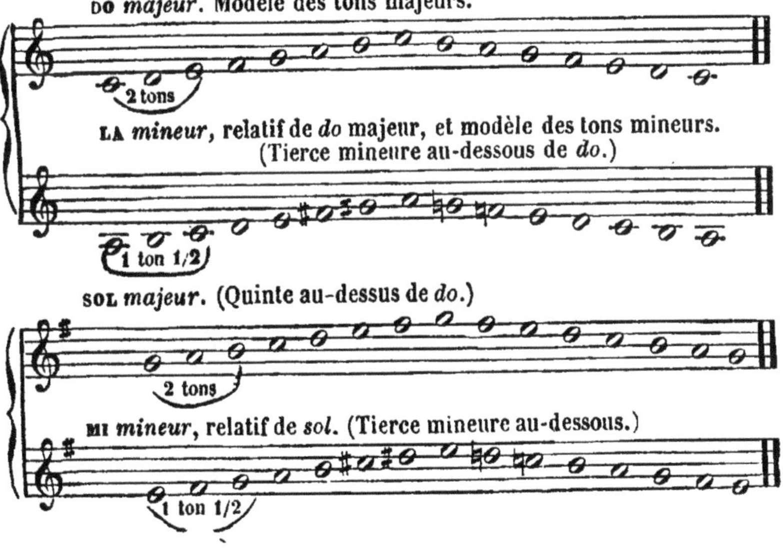

RÉ majeur. (Quinte au-dessus de sol.)
2 tons
SI mineur, relatif de ré. (Tierce mineure au-dessous.)
1 tons 1/2
LA majeur. (Quinte au-dessus de ré.)
2 tons
FA ♯ mineur, relatif de la. (Tierce mineure au-dessous.)
1 tons 1/2
MI majeur. (Quinte au dessus de la.)
2 tons
DO ♯ mineur, relatif de mi. (Tierce mineure au-dessous.)
1 ton 1/2
SI majeur. (Quinte au dessus de mi.)
2 tons
SOL ♯ mineur, relatif de si. (Tierce mineure au-dessous.)
1 ton 1/2
FA ♯ majeur. (Quinte au-dessus de si.)
2 tons
RÉ ♯ mineur, relatif de fa ♯. (Tierce mineure au-dessous.)
1 ton 1/2

DO ♯ *majeur*. (Quinte au-dessus de *fa* ♯.)

2 tons

LA ♯ *mineur*, relatif de *do* ♯. (Tierce mineure au-dessous.)

1 ton 1/2

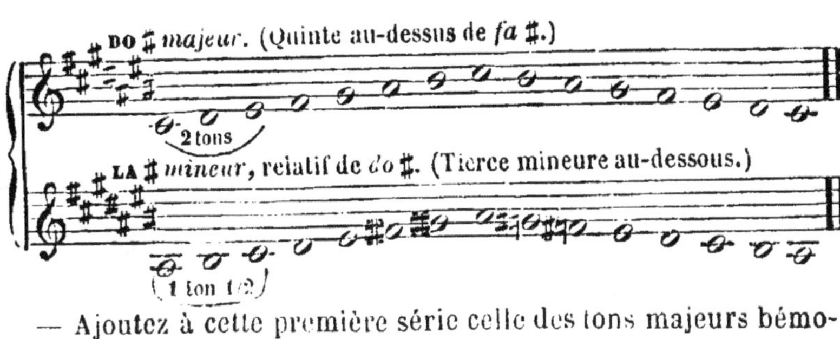

— Ajoutez à cette première série celle des tons majeurs bémolisés et de leurs relatifs mineurs.

— Nous nous empresserons de combler vos désirs.

FA *majeur*. (Quinte au-dessous de *do*.)

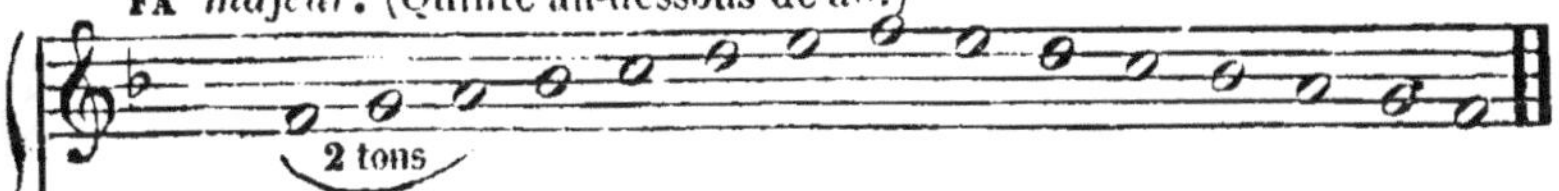

2 tons

RÉ *mineur*, relatif de *fa*. (Tierce mineure au-dessous.)

1 ton 1/2

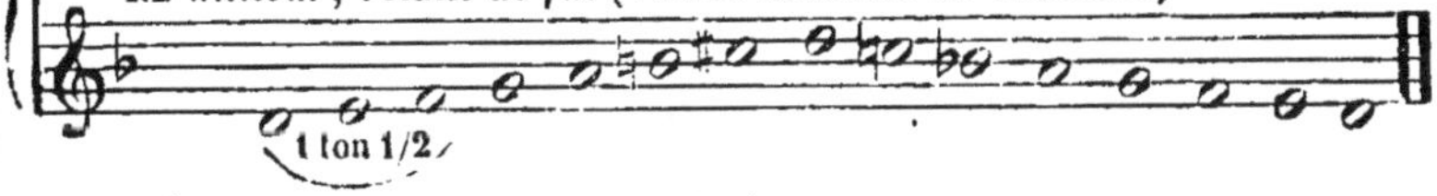

SI ♭ *maj*. (Quinte au dessous de *fa*.)

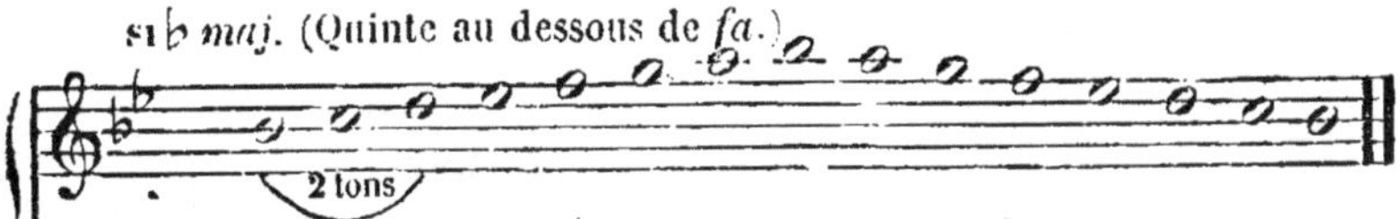

2 tons

SOL *mineur*, relatif de *si* ♭. (Tierce mineure au-dessous.)

1 ton 1/2

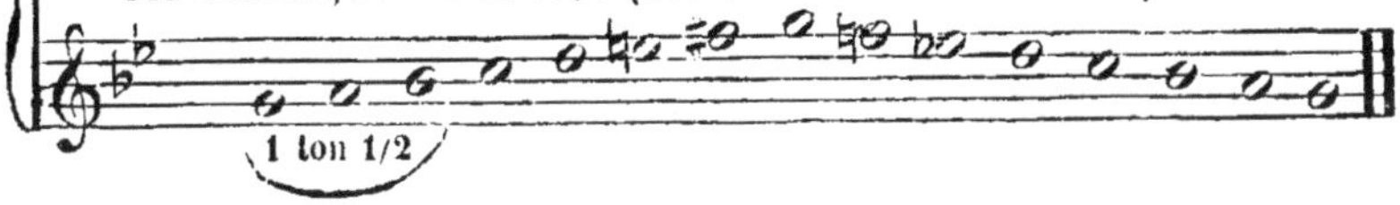

MI ♭ *majeur*. (Quinte au-dessous de *si* ♭.)

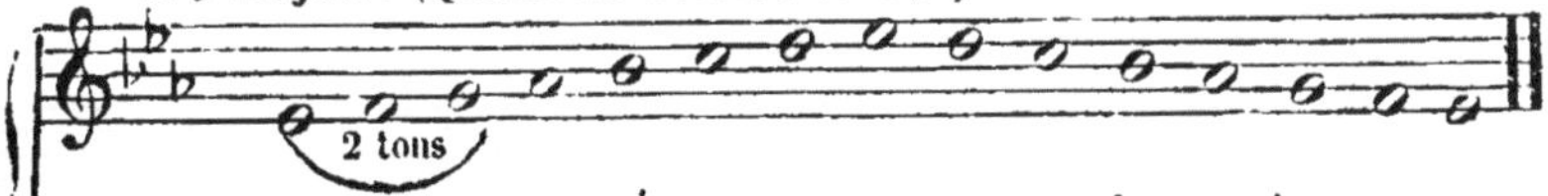

2 tons

DO *mineur*, relatif de *mi* ♭. (Tierce mineure au-dessous.)

1 ton 1/2

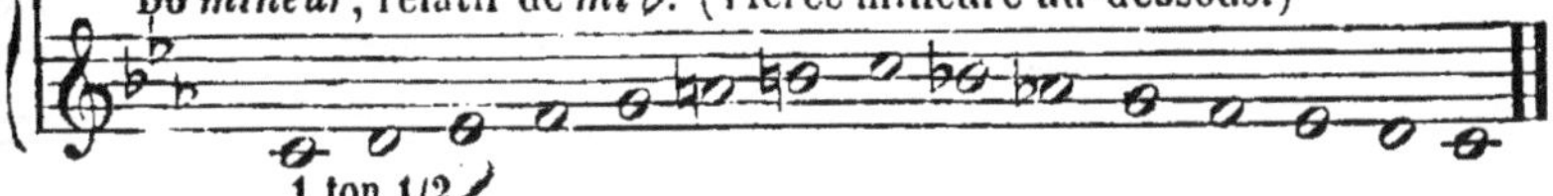

LA ♭ *majeur*. (Quinte au-dessous de *mi* ♭.)

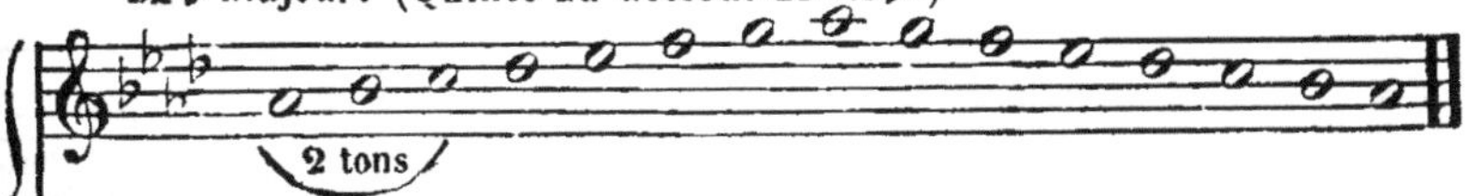

2 tons

FA *mineur*, relatif de *la* ♭. (Tierce mineure au-dessous.)

1 tons 1/2

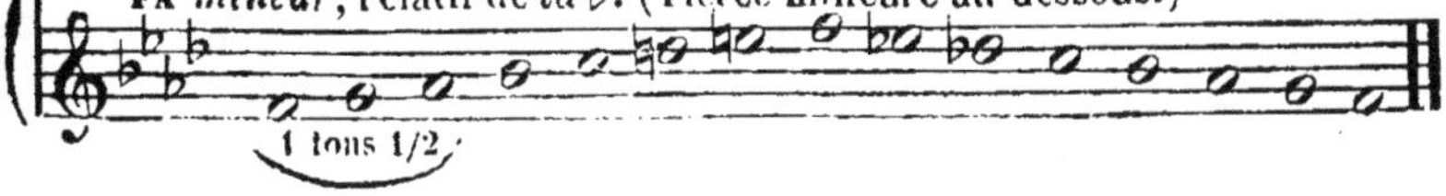

RÉ ♭ *majeur*. (Quinte au-dessous de *la* ♭.)

2 tons

SI ♭ *mineur*, relatif de *ré* ♭. (Tierce mineure au-dessous.)

1 tons 1/2

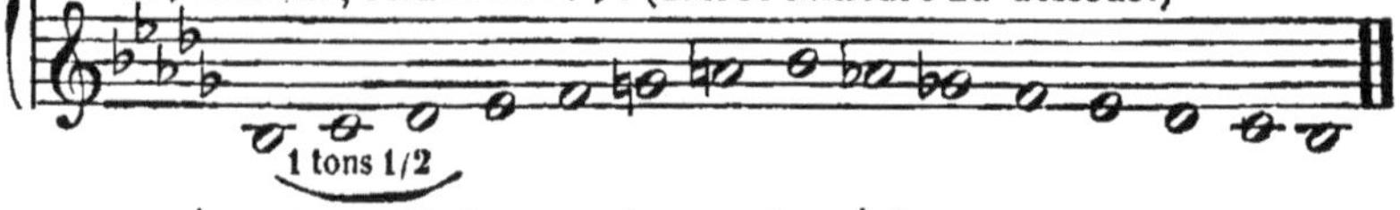

SOL ♭ *majeur*. (Quinte au-dessous de *ré* ♭.)

2 tons

MI ♭ *mineur*, relatif de *sol* ♭. (Tierce mineure au-dessous.)

1 ton 1/2

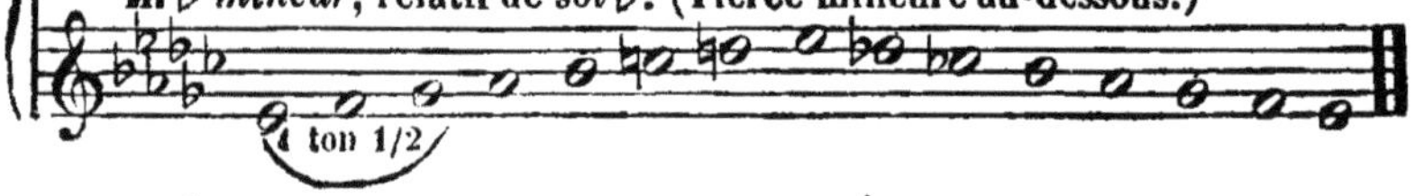

DO ♭ *majeur*. (Quinte au-dessous de *sol* ♭.)

2 tons

LA ♭ *mineur*, relatif de *do* ♭. (Tierce mineure au-dessous.)

1 ton 1/2

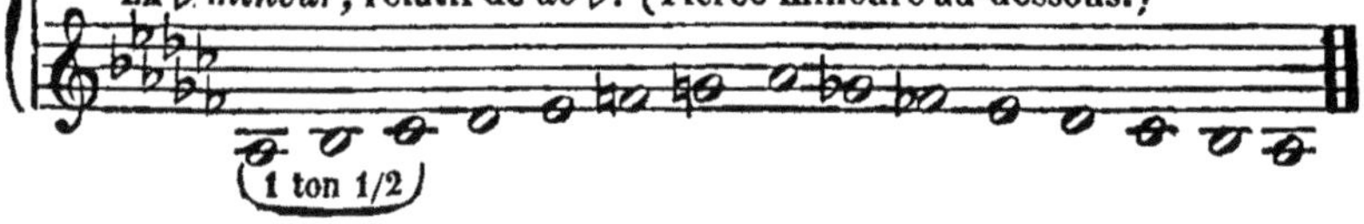

— Voilà bien nos trente gammes ; il en reste pourtant encore une à ranger en bataille.

— Ah ! oui, la gamme chromatique, qui semble être le résumé de toutes les autres. La voici :

Gamme chromatique.

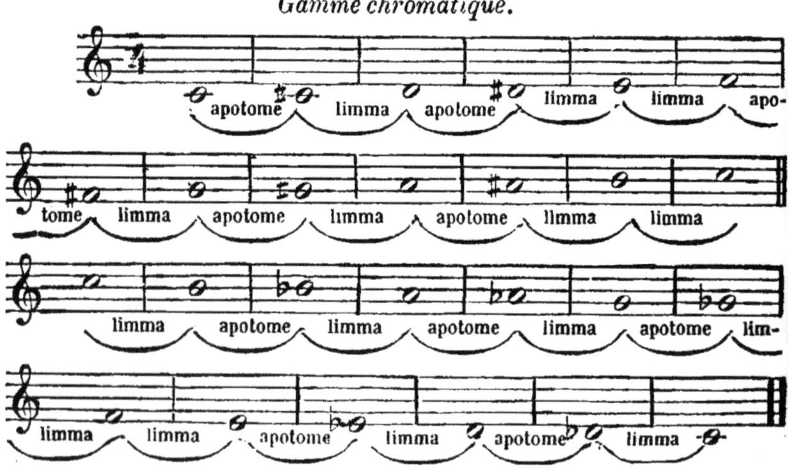

— C'est cela même. Vous savez déjà que l'*apotome* vaut un peu plus et le *limma* un peu moins d'un demi-ton. Le premier terme signifie cinq *comma*, le second, quatre *comma;* comme il en faut neuf pour faire un ton entier, la réunion de l'*apotome* et du *limma* donne ce résultat.

Les Grecs anciens avaient de plus que nous le *genre enharmonique*, ou, du moins, ils l'employaient comme échelle mélodique, ce que nous ne faisons pas. Chez eux, ce genre constituait une sorte de gamme, procédant par *quarts de ton*.

M. Vincent, profond théoricien, savant helléniste, que j'ai déjà cité, fit construire, il y a quelques années (si j'ai bonne mémoire), un *piano* à quarts de ton, pour se rendre compte (*de auditu*) de quelques effets de cette musique antique qu'il avait si bien étudiée dans les monuments les plus authentiques. Ce singulier instrument aurait été essayé par M. Halévy, secrétaire perpétuel de l'Académie des beaux-arts, en présence de M. Lenormant, qui, lui aussi, a fait d'excellentes recherches sur le système musical des Grecs.

Ce système comprenait quinze *modes* ou *tons*, qui étaient à la distance d'un *demi-ton* (vieux style) les uns des autres. On ne trouve pas parmi eux (si l'on consulte les écrivains grecs, un seul *mode* qui corresponde à notre *mode majeur*. Il paraît que leur musique avait un caractère ordinairement mélancolique.

Voici ces quinze modes :

Le *dorien*, l'*hypo-dorien*, l'*hyper-dorien*, l'*ionien* ou *jastien*, l'*hypo-jastien*, l'*hyper-jastien*, le *phrygien*, l'*hypo-phrygien*, l'*hyper-phrygien*, l'*éolien*, l'*hypo-éolien* ou l'*hypo-lydien* grave, l'*hyper-éolien*, le *lydien*, l'*hypo-lydien* et l'*hyper-lydien*.

Vous trouverez, sans doute, tous ces termes un peu barbares; ils ne l'étaient pas dans cette langue, si admirablement belle, et qui fut en partie cause de l'atticisme ou délicatesse, finesse de goût, particulière aux anciens Athéniens.

On pourrait dire avec quelque raison (1) que notre musique actuelle vient, par une filière toute naturelle, de la musique des Grecs. En effet, le *plain-chant* ou chant ecclésiastique (de *canto*

(1) Dans un autre ouvrage je combattrai cette opinion.

plano, chant plane) en tire son origine. Il lui a pris une partie de ses *modes* ou *tons*, dont il a fait quatre *modes* majeurs et quatre mineurs; il a transporté dans ses rites les chants grecs les plus beaux, les plus majestueux. Longtemps après, la musique sacrée est née du plain-chant; et, enfin, elle-même a donné naissance à la musique profane. Comme vous voyez, la généalogie n'est pas fausse... au premier aperçu.

FIN DU VINGTIÈME ENTRETIEN.

VINGT ET UNIÈME ENTRETIEN.

SOMMAIRE. — Moyens de reconnaître le ton d'un morceau de musique : 1° par l'armure ; 2° par la basse fondamentale ; 3° par l'accord parfait ; 4° par l'altération de la dominante.

Le Maître. Connaître sur le bout du doigt le long chapelet des gammes, les écrire correctement sans oublier une de leurs armures, établir sans embarras leur relativité mathématique, les chanter même ou les jouer avec une justesse irréprochable, c'est fort beau, sans doute ; mais c'est encore peu pour qui veut pénétrer au fond des choses, *rerum cognoscere causas*. Il ne suffit pas même de connaître les *causes*, il faut aussi savoir les *effets*.

Ces gammes, si nombreuses, ont été créées pour tuer la monotonie, pour permettre aux compositeurs de varier leurs combinaisons mélodiques et harmoniques, pour poétiser davantage la sphère où ils se meuvent ; enfin, pour donner aux voix, et surtout aux instruments, la liberté de choisir le diapason qui leur convient : voilà les *causes*. Dans cette grande famille des successions diatoniques et chromatiques, l'homme de génie fait d'heureux mariages, mais temporaires. Ici, le divorce est permis. Dans un seul et même morceau, le *ton* principal peut s'associer successivement avec cinq ou six gammes différentes, dont il est plus ou moins parent. De là naissent des beautés inattendues, de divines mélodies, des harmonies célestes. Cette grâce, cette force, cette originalité, ce style magistral, ce ravissant coloris qui nous subjuguent : voilà les *effets*. —

Continuons donc nos entretiens sur l'inépuisable question des gammes, source admirable, d'où découle tout ce qui est beau dans notre art. — Peut-on reconnaître, à l'inspection des dièses ou des bémols constitutifs, dans quel ton est un morceau de musique quelconque ?

L'Élève. Oui ; mais on dit que ce moyen n'est pas infaillible, et donne gain de cause à la routine, tout aussi bien que celui qui consiste à regarder la note finale du discours musical.

— Vous avez raison. N'importe ! nous le donnerons avant les autres, comme échantillon des théories anciennes, qui commençaient invariablement par cette question à brûle-pourpoint : « Qu'est-ce que la clef de *sol?* » Il y a pourtant, dans notre grammaire, plus d'un article à traiter avant d'en arriver là. C'était l'usage ; on ne voyait pas plus loin, ou plutôt en deçà.

Toutes les vieilles méthodes, plus ou moins classiques, disent à peu près ce qui suit, seulement dans un style beaucoup plus laconique et quelque peu grotesque : « Quand il n'y a ni dièses ni bémols à la clef, l'on ne peut être qu'en *do* majeur ou en *la* mineur. » C'est vrai, pourvu que le compositeur ne soit pas un original, heureux d'intriguer ses lecteurs, ou que le copiste, voire même le graveur, ne soit pas un étourdi. Ce mécompte est arrivé plus d'une fois aux amateurs des *bons principes*. « Si la clef se trouve armée de dièses, on les compte d'abord, puis on prend le dernier pour la septième sensible de la tonique cherchée, qui doit être naturellement un degré au-dessus de ce dièse. Ainsi, supposez à la clef *fa* dièse, *do* dièse et *sol* dièse : qui sera la sensible? — *Sol* dièse. — De quoi? — De *la*, qui le suit immédiatement. »

Voilà, du moins, de la théorie populaire !

Il est fâcheux que la pratique vienne parfois déranger les calculs de nos devanciers. Voyons le reste.

« Mais on n'est pas toujours en *la* majeur, quand il y a trois dièses à la clef. *Fa* dièse mineur veut avoir son tour ; il a bien raison. Donc, pour les distinguer l'un de l'autre, on examine si la quinte du majeur est altérée. Si elle ne l'est pas, on est sûr d'être en majeur ; si elle l'est, on est à peu près certain d'être en mineur. »

Ceci commence à devenir plus concluant. « Si la clef est armée e bémols, en prend l'avant-dernier pour tonique ; s'il n'y en a qu'un seul, on descend quatre degrés au-dessous de ce bémol pour trouver la tonique (du majeur, bien entendu). »

Allons, nous avons assez glané dans le champ de nos voisins ; moissonnons maintenant dans notre propre héritage.

— Qu'est-ce qui peut conduire plus sûrement dans la véritable voie ?

— Le voici. Sans doute, il est bon de tenir compte du nombre de dièses ou de bémols qui sont à la clef ; mais il reste bien autre chose de plus important à faire, si l'on ne veut pas se fourvoyer.

— Quoi donc?

— 1° D'après les règles de la tonalité moderne, toute pièce de musique doit commencer, à la partie mélodique, par une des notes de l'accord parfait du ton : cet accord parfait se compose de la tonique, de la tierce et de la qniute.

— Après?

— 2° La basse fondamentale, qui sert de piédestal au chant, doit débuter, au point de vue classique, par la tonique elle-même. Si donc vous êtes en *do* majeur, l'attaque de la mélodie se fera, soit par un *do,* soit par un *mi,* soit par un *sol,* et la basse, pour être strictement régulière, entrera en scène par un *do.*

Exemple :

— Avez-vous encore d'autres raisons à donner?

— Sans doute. Nous continuons :

3° Toutes les notes de l'accord parfait doivent se trouver réunies ou éparses dans les premières mesures d'un morceau. C'est ce que prouve l'exemple précité. Retranchez le *ré* dans la première mesure du chant, il vous restera *do, mi, sol.* En cherchant bien et en barrant les notes secondaires, vous rencontrerez encore la même combinaison dans la basse d'accompagnement.

— Est-ce tout ?

— Non. Écoutez plutôt.

4° Si la mélodie commence par la quinte *inaltérée* de la gamme majeure, le morceau sera forcément en majeur, car cette quinte ne fait pas partie de l'accord parfait mineur relatif. Si, au contraire, le chant s'entonne sur la tonique du mineur relatif, la pièce de musique sera, de droit, en mineur; car cette tonique n'entre pas dans l'accord parfait majeur relatif. En effet, le *la*, tonique de *la* mineur, n'a pas plus de rapport avec l'accord parfait *do-mi-sol*, que le *sol* lui-même n'en peut avoir avec celui-ci : *la-do-mi*.

— Ces explications sont très-satisfaisantes. Une remarque, cependant : les notes *do-mi* étant communes aux deux accords parfaits (1), si le morceau commence par un *do* ou par un *mi*, soit même par l'une et l'autre, — dans la partie mélodique, cela va sans dire, — comment saurez-vous que vous êtes plutôt en *do* majeur qu'en *la* mineur, et *vice versâ* (2)?

— Par les observations suivantes. Si nous rencontrons un peu plus loin un *sol* naturel, ayant quelque importance dans la phrase, nous aurons mille chances contre une d'être en *do* majeur; si, au contraire, nous apercevons un *sol* dièse, accompagnant un *la*, ne verrions-nous même qu'un *la* seul, il y a tout à parier que nous sommes en *la* mineur. Puis, l'oreille distingue de suite un accord parfait *majeur* d'un accord parfait *mineur* : dans l'un, la première tierce est majeure et la seconde mineure; dans l'autre, la première est mineure et la seconde majeure.

— Votre intelligence va toujours au delà des questions que je vous adresse; il est vrai que vous effleurez seulement ce que nous traiterons à fond en temps et lieu. Donnez-nous des exemples qui viennent à l'appui de vos derniers raisonnements.

— Voici :

— Je vous arrête. Vous voulez donner un exemple de *do* majeur, à l'aide d'un *sol* naturel qui arrive assez tard, et vous commencez par faire apparaître un *la*?

— C'est vrai ; mais ce *la* n'a aucune importance dans la mélo-

(1) Nous reviendrons plus tard sur les mots : *accord, basse fondamentale*, etc.

(2) *Vice versâ* (à l'inverse); c'est comme si l'on ajoutait : *ou plutôt en la mineur qu'en do majeur.*

die; il pourrait être considéré comme une petite note sous la forme d'une grosse; il ne porte point accord, et ne fait que glisser sur le *sol* naturel qui, lui, porte accord forcément, ainsi que les deux *sol* qui suivent : nous avons donc gagné?

— Je l'avoue. Donnez votre second exemple.

— C'est facile.

— Eh bien, j'aperçois votre *sol* dièse qui vous donne gain de cause; mais votre premier *la* supérieur ne ressemble-t-il pas à celui de l'exemple précédent?

— Pas le moins du monde : celui-ci porte accord, est une note essentielle dans la mélodie.

— Encore une objection. N'arrive-t-il pas souvent que le chant commence par une ou plusieurs notes complétement étrangères à l'accord parfait du ton majeur ou du ton relatif mineur?

— Oui, très-souvent, surtout dans les œuvres des romantiques. Weber, Schubert, Berlioz ne s'en font pas faute. Le classique Haydn, lui-même, en offre de nombreux exemples dans ses symphonies et ses quatuors; mais ce sont toujours des exceptions à la règle; les hommes de génie, seuls, savent l'enfreindre avec bonheur. D'ailleurs, les plus grands d'entre eux ont créé les règles successivement; il leur est donc bien permis de les mettre de côté quand elles les gênent dans l'enfantement d'un chef-d'œuvre. Au reste, ces phrases anormales, qui semblent n'appartenir à aucune gamme, sont ordinairement une ruse de guerre pour arriver avec plus d'effet au ton fondamental du morceau. Ne vous arrêtez pas aux préambules; pénétrez plus avant dans le discours musical, et vous trouverez bientôt le moyen de vous orienter.

— Donnez-nous quelques exemples de ces excentricités.

— En voici un, dont on abuse singulièrement, nous assure-t-on :

— Vous saurez plus tard que vous attaquez ici par une *neuvième mineure*, qui n'est que l'extension de la *septième dominante.* Continuez.

— Encore un autre exemple, que nous avons appris par cœur.

— Est-ce tout?

— Non pas. En voici d'autres, dont nous ne donnerons que la partie mélodique, de peur de nous égarer dans les sentiers harmoniques, qui sont loin de nous être familiers :

— Les dièses ou bémols qu'on rencontre épars dans une composition musicale, servent-ils toujours à changer le ton ou le mode du morceau ?

— Non, pas toujours : ils sont là quelquefois pour donner un accent particulier à la phrase, la rendre plus euphonique. Il est donc prudent de ne pas se laisser prendre à ces indices, souvent trompeurs, et de s'appuyer sur d'autres jalons. Pour ne pas errer, il faut examiner (nous le répétons) si les notes altérées sont importantes dans la mélodie, si elles portent accord, accompagnement, ou si elles ne sont que de simples petites notes habillées en grosses. Cet innocent stratagème déroute même un instant, quand on cherche la tonique.

Exemple :

Résumons.

Pour connaître bien le *ton* d'une pièce de musique, les trois conditions importantes sont donc :

1° La découverte de l'accord parfait majeur ou mineur;

2° La distinction d'une septième sensible fixe ou accidentelle;

3° L'exacte connaissance de la note fondamentale à la basse.

— Mais, est-ce que la basse d'accompagnement ne commence pas toujours par la tonique?

— Non. Dans certains cas, elle débute par la tierce, la quinte et même la septième sensible ; alors elle veut faire la pincée, l'originale. Pour connaître sa lignée, entrez de pied ferme dans son domaine, dont la porte est entr'ouverte. Celui qui a la patience de remonter le cours d'une rivière en trouve toujours la source.

— Excepté celle du Nil.

— Parce qu'on ne l'a pas remonté tout entier. Les *Peaux-Rouges* font peur aux explorateurs.

— C'est bien...

FIN DU VINGT ET UNIÈME ENTRETIEN.

VINGT-DEUXIÈME ENTRETIEN.

SOMMAIRE. — Parenté des gammes. — Rapports enharmoniques ou synonymie. — Modulation. — Transition. — Mélodie. — Harmonie. — Noms caractéristiques des huit degrés de la gamme diatonique.

LE MAÎTRE. Nous sommes éclairés sur les différentes manières de reconnaître le *ton*, le *mode* d'un morceau de musique ; il nous reste à examiner s'il existe, entre les tons ou gammes, des rapports plus ou moins intimes, une parenté quelconque.

Sauriez-vous nous expliquer cette parenté qui unit les gammes et doit être on ne peut plus intéressante?

L'ÉLÈVE. Certainement.

— Entrez donc en matière.

— Dire que les *tons* ne sont pas unis entre eux par des liens indissolubles, ce serait comme si l'on voulait nier l'existence du soleil. Ces sortes de mariages, qui enfantent des prodiges en musique, nous paraissent comme une chaîne dont les anneaux sont admirablement soudés.

— Pourriez-vous nous faire connaître les divers degrés de cette parenté?

— C'est très-facile. On trouve entre tous les tons majeurs et mineurs des rapports de plusieurs sortes : les plus intimes résultent des notes de l'accord parfait de *do*, par exemple, qui sont communes à d'autres accords. Ainsi, *do* naturel est commun à l'accord de *do* majeur ou mineur, de *la* mineur, de *fa* majeur ou mineur, et de *la* bémol majeur.

Mi naturel est commun à l'accord parfait de *do* majeur, de *la* mineur ou majeur, et de *mi* mineur ou majeur. *Sol* naturel est commun à l'accord parfait de *do* majeur ou mineur, de *mi* mineur, de *mi* bémol majeur et de *sol* majeur ou mineur. Voilà, comme vous voyez, bien des parents ou des amis qui peuvent faire des alliances entre eux sans choquer ni les convenances ni... l'oreille.

— D'où résultent les autres rapports entre les gammes?

— De la même quantité de dièses ou de bémols constitutifs qu'on emploie dans des tons différents. Nous avons déjà des notions là-dessus; mais, pour ne pas avoir l'air d'éluder vos questions, nous ne craindrons pas de nous répéter. *Sol* majeur, par exemple, demande un dièse à la clef; *mi* mineur également. L'armure de *si* majeur présente cinq dièses; celle de *sol* dièse mineur lui fait concurrence. *Fa* majeur ne peut se passer d'un bémol; *ré* mineur non plus. *Ré* bémol majeur veut être accompagné de cinq bémols; *si* bémol mineur ne marcherait pas sans le même cortége. Tous les tons majeurs sont, comme nous le savons de reste, dans les mêmes rapports avec leurs relatifs mineurs.

— Vos preuves s'arrêtent-elles là?

— Non. Il nous reste à parler des identités enharmoniques, qui répandent une grande richesse dans le domaine des modulations. Le ton de *fa* dièse majeur est synonyme de *sol* bémol majeur, comme *do* dièse majeur l'est de *ré* bémol majeur, comme *si* majeur l'est de *do* bémol majeur. Toutefois, cette synonymie n'est qu'approximative, comme nous l'avons déjà dit, quand elle est exécutée avec la voix ou la plupart des instruments de musique; elle n'est vraiment parfaite que sur les instruments à clavier, comme l'orgue, le piano, l'harmonium. Du reste, cette petite différence est presque inappréciable dans l'interprétation d'un morceau.

Ces enharmoniques, ces changements subits, sont des espèces de subterfuges qui, bien employés, produisent des effets ravissants; mais il ne faut pas plus en abuser que de toute autre ruse : *Tant va la cruche à l'eau qu'enfin elle se brise.*

On dit que Meyerbeer, dans *Robert le Diable,* a largement usé de cette surprise, bonne à ménager.

— Puisque certaines gammes ont entre elles des rapports plus ou moins intimes, on peut donc voyager des unes dans les autres sans sortir de la famille harmonique qu'elles représentent?

— Oui, sans doute; nous l'avons déjà fait entrevoir : c'est ce qu'on appelle improprement *moduler*.

— Que devrait-on donc entendre par *modulation?*

— L'action d'amener le changement de *mode* ou manière d'être du *ton*, et non pas celui du ton lui-même, comme le disent les anciennes théories. Il est à regretter qu'il n'y ait pas, dans le vocabulaire musical, un terme technique pour exprimer l'admirable connexion des gammes, leur ingénieuse fraternité.

— Le mot *transition* ne ferait-il pas bien votre affaire ?

— Non ; car il signifie simplement l'instant même où s'accomplit la *substitution* d'un *ton* à un autre. Il faut donc, faute de mieux, se servir du terme *modulation*, tout impropre qu'il soit.

Ainsi, d'après l'opinion reçue, on doit entendre par *modulation* l'action de faire jouer habilement toutes les cordes mélodiques ou harmoniques d'une gamme quelconque, ou, mieux encore, de préparer le changement des tons et des modes, en conduisant la phrase par mille détours jusqu'à la rencontre d'une *transition* logique. Autant de fois on répète ce procédé fort attrayant, autant il y a de *modulations*.

— Mais doit-on le répéter à satiété ?

— Non, sans doute ; il faut même être assez sobre dans son emploi.

— Pourtant, aujourd'hui, beaucoup de compositeurs changent de ton, de mode, presque à chaque phrase, ou tout au moins à chaque période du discours musical. Est-ce une preuve de science ou d'imagination ?

— Pas du tout. C'est, au contraire, la preuve d'une grande pauvreté d'idées, qui cache sa nudité sous la richesse luxuriante d'une harmonie tapageuse. Ces messieurs semblent dédaigner la mélodie qui les dédaigne, et cherchent tout l'effet musical dans des *modulations* souvent étranges, dans des accouplements de gammes fort étonnées de se trouver ensemble.

— On doit donc suivre une marche régulière dans ces différents voyages ?

— Certainement ; mais la meilleure boussole pour s'orienter sur cette mer semée de récifs, c'est le génie. Heureux les privilégiés qui le possèdent !

— Indiquez-nous toujours les routes battues.

— Volontiers ; seulement, pour trouver une explication plus

concluante, nous devrons nous adresser à la sœur cadette de la *Mélodie*, c'est-à-dire à l'*Harmonie* en personne.

— Fort bien. Mais avant de commencer un nouveau compte, réglons d'abord l'ancien. Vous nous parlez sans cesse de *mélodie*, et vous n'avez pas encore pris la peine de nous en donner une bonne définition. C'est une négligence de votre part.

— Nous allons la réparer.

Le mot *mélodie* vient du grec : *mélôdia*, substantif composé de *mêlos*, chant, et d'*édus*, agréable, ou d'*adô*, je chante. En effet, une *mélodie* n'est autre chose qu'une heureuse combinaison de sons et de valeurs qui, entendus successivement, charment l'oreille et délectent l'âme. Nous ne parlons pas ici des pauvretés musicales qui s'approprient ce beau nom, mais le portent mal ; qui dit *mélodie*, dit nécessairement *chant harmonieux*.

— Maintenant, au tour de l'*harmonie*, si vous le voulez.

— L'*harmonie* est tout à la fois la science et le produit des accords.

— Qu'est-ce qu'un *accord?*

— C'est le résultat de différents sons entendus simultanément et qui se marient bien ensemble. Il y a des accords de deux, de trois, de quatre, de cinq et de six sons. Exemple :

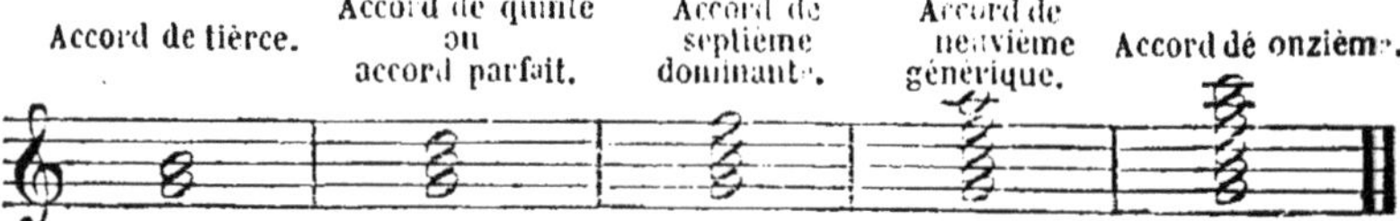

La réunion de toutes les familles d'accords et les lois qui les régissent constituent l'*harmonie théorique;* leur emploi, leur enchaînement plus ou moins heureux dans une pièce de musique, constituent l'*harmonie pratique*.

— Bravo! Mais n'allez pas plus loin. Dans un autre grand voyage que nous ferons ensemble, si vous le permettez, nous visiterons en détail le domaine de cette grande dame, à l'abord difficile, et qui cherche incessamment à dépouiller sa sœur de son droit d'aînesse, tandis qu'elle devrait s'estimer heureuse d'être seulement la camériste, la dame d'honneur, si vous le préférez, de cette reine adorable!

Aujourd'hui, contentez-vous de demander à l'harmonie le secret d'établir une communication directe entre les gammes d'une même famille, d'amener des rapprochements naturels, des unions sortables. Déjà nous connaissons les rapports primitifs engendrés par les notes communes à plusieurs accords parfaits, par l'enharmonique, etc. Il s'agit à présent de les étudier en détail, de les compléter, de les consacrer par l'*application* rationnelle de leurs points de contact. Mettez-nous sur la voie.

— Nous y voici. Supposez qu'on soit en *do* majeur, rien de plus simple que de passer en *sol* majeur.

— Comment cela?

— D'abord, après l'accord parfait de *do*, l'on passe à celui de *sol*, qui est sa dominante.

— Qu'est-ce qu'une *dominante?*

— Il nous semblait l'avoir dit précédemment. N'importe : *Bis repetita placent.* Une *dominante*, c'est la cinquième note d'une gamme : on la nomme ainsi, parce qu'elle domine dans l'accord parfait du ton, parce qu'elle est le principal repos au milieu de l'échelle; de même que la troisième note s'appelle *médiante*, parce qu'elle tient le *milieu* entre la tonique et la quinte.

Voici, du reste, les noms *harmoniques* qu'on a donnés à chacun des degrés de la gamme moderne : le premier, nous le savions déjà, prend le nom de *tonique mère*, parce qu'il est la pierre fondamentale de l'édifice diatonique, ou, simplement, le pivot de la gamme; le deuxième prend le nom de *sus-tonique,* ou *sous-médiante;* le troisième, celui de *médiante;* le quatrième, celui de *sus-médiante*, ou de *sous-dominante;* le cinquième, celui de *dominante;* le sixième, celui de *sus-dominante;* le septième, celui de *sensible*, ou de *sous-tonique;* le huitième, enfin, celui de *tonique octave*.

— Très-bien.

FIN DU VINGT-DEUXIÈME ENTRETIEN.

VINGT-TROISIÈME ENTRETIEN.

SOMMAIRE. — Enchaînement des tons ou gammes. — Modulations diatoniques et enharmoniques. — Tableau des mariages musicaux. — Réflexions à ce sujet.

Le Maitre. N'avez-vous pas avancé que rien n'était plus facile que de passer de *do* en *sol?*

L'Élève. Certainement. Nous disions qu'après l'accord parfait de *do*, on allait se reposer sur celui de *sol*. Ceci fait, au lieu de considérer ce dernier comme accord parfait de la dominante de *do*, on doit le regarder tout naturellement comme accord parfait de *sol*, puis tomber sur celui de *ré* majeur, en mettant un dièse accidentel au *fa;* puis enfin effectuer un repos sur le *sol* lui-même. Le *fa* dièse devient forcément la septième sensible de *sol* et l'accord parfait de *ré* majeur, sa dominante.

Exemple :

Il y a des notes *communes* dans chacun de ces accords; elles sont indiquées par les liaisons.

— On est toujours sûr de faire de bonne harmonie, quand on ménage des notes communes entre chacun des accords qui se succèdent : c'est le genre classique.

Tenez, en partant du ton de *do*, je vais vous faire voyager, à l'aide des notes communes, dans tous les autres tons, et revenir, par le même moyen, au point de départ. Attention, s'il vous plaît. Ce travail, assez curieux, est une petite leçon d'harmonie par anticipation; il vous donnera la clef de cette science si vaste, si digne de vos méditations.

Je continue votre exemple précédent, et je passe d'abord de *sol* majeur en *mi* mineur, son relatif. Le *sol* de votre dernier accord vient faire note commune avec le *sol* de mon premier accord : ***mi-sol-si.***

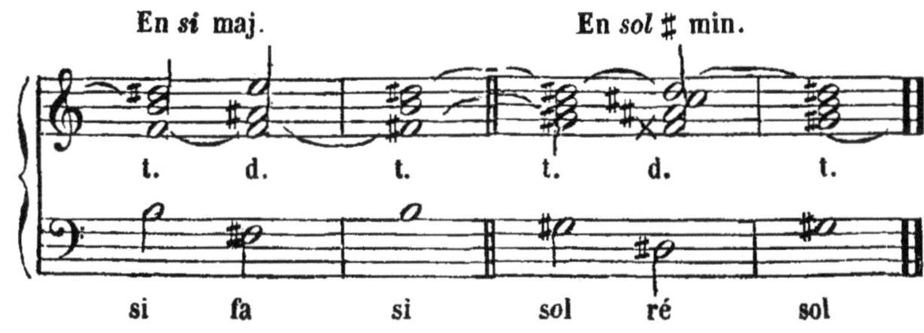

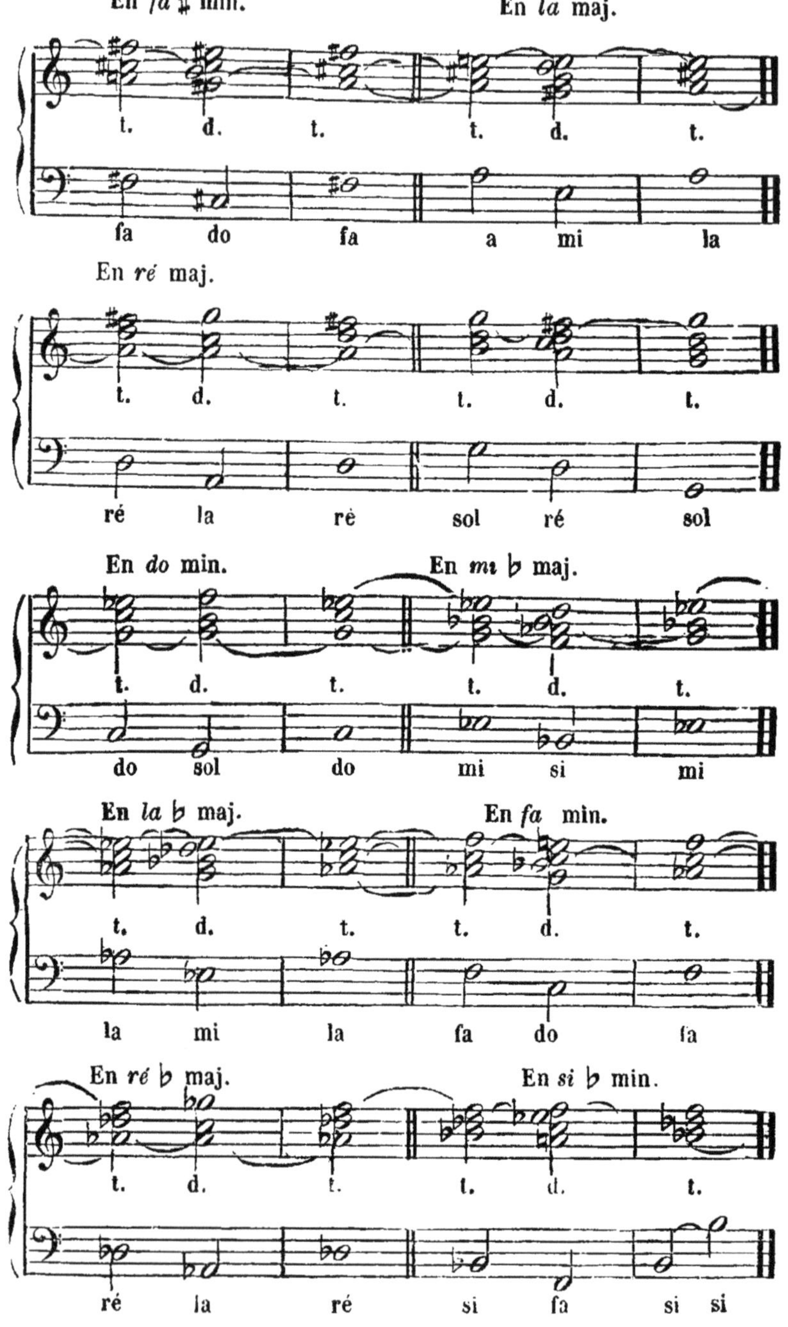
En fa ♯ min.
En la maj.
t. d. t. t. d. t.
fa do fa a mi la
En ré maj.
t. d. t. t. d. t.
ré la ré sol ré sol
En do min.
En mi ♭ maj.
t. d. t. t. d. t.
do sol do mi si mi
En la ♭ maj.
En fa min.
t. d. t. t. d. t.
la mi la fa do fa
En ré ♭ maj.
En si ♭ min.
t. d. t. t. d. t.
ré la ré si fa si si

En sol ♭ maj.
En mi ♭ min.
t. d. t. t. d. t
sol ré sol mi si mi
En do ♭ maj.
par enharmonique en si maj.
synonyme de do ♭ maj.
t. d. t. t. d. t.
do sol do si fa si
En mi mineur
En la mineur
t. d. t. t. d. t.
mi si mi la mi la
En fa maj.
En ré min.
t. d. t. t. d. t.
fa do fa rè la ré
En sol min. et maj.
En do. maj. (Point de départ.)
t. d. t. t. d. t.
sol ré sol do sol do

Je crois qu'ici toute la famille est rassemblée, toutes les unions assorties. Puisque j'ai soin de copier sous vos yeux ou de vous faire copier sur votre album les divers exemples notés dont nous avons besoin, je désire m'assurer de votre promptitude à les comprendre. Faites-moi vos observations sur ces curieux mariages si vite accomplis.

— Voici ce que j'ai remarqué : 1° une seule note commune quand on va de l'accord parfait, placé sur la tonique, à l'accord de septième dominante, et en revenant de celui-ci au premier; une seule encore, quand le passage d'un ton à un autre se fait à la quinte.

2° Deux notes communes, quand on voyage du *ton* majeur dans son relatif mineur, et *vice versâ,* ou quand on change de mode sans changer de ton. Dans ce dernier cas, on pourrait même en rencontrer trois, si, à l'accord parfait : *do-mi-sol,* par exemple, on ajoutait *do* octave ; car, alors, il serait composé de quatre sons au lieu de trois.

3° Trois notes communes (par l'adjonction de l'octave il pourrait y en avoir quatre) dans le passage enharmonique ; c'est invariable, puisque les notes changent de nom sans changer de ton.

— Très-bien; mais ce n'est pas tout. Que veulent dire ces lettres abréviatives : *T. D?*

— *Tonique, Dominante.*

— Pourquoi, dans l'accord de septième dominante, placé selon l'ordre naturel, c'est-à-dire par tierces superposées, retranche-t-on une de ses notes, ordinairement la quinte, parfois la tierce?

— Par euphonie, pour rendre l'accord plus brillant, moins confus; mais il est loisible de laisser cette note en place.

— C'est vrai. Quand nous étudierons les renversements, vous apprendrez que si cette tierce ou cette quinte se trouve à la basse, on ne doit pas les admettre dans le reste de l'accord, qui se trouve naturellement en dessus.

Pourquoi, dans notre exemple noté, d'autres septièmes dominantes sont-elles *renversées* ou non échelonnées par tierces?

— Pour faciliter les mariages, éviter des écarts durs à l'oreille, contraires aux lois de l'harmonie.

— Vous avez profité, je le vois, de la lecture des livres théoriques que je vous avais conseillé de parcourir. Je vous mène un peu à la sourdine sur un terrain encore inexploré; nous le visiterons un jour avec tout le soin possible.

Ce que nous avons dit et vu suffit, je pense, pour vous donner une idée précise de la quantité de sentiers dont un ton principal peut suivre les détours sans s'égarer. Ces petits chemins si divers, qui semblent s'éloigner beaucoup trop de la grande route, y ramènent tout naturellement, sans peine, sans fatigue.

Et, pourtant, notre exemple noté ne présente qu'une carcasse nue, bâtie sans apprêt, et dont toutes les parties sont jointes entre elles par les seules notes communes, enjambant sans cesse d'un accord sur l'autre. Il y a cent moyens ingénieux de transporter l'auditeur dans toutes les sinuosités du labyrinthe, presque sans qu'il s'en aperçoive, et de le replacer ensuite bien doucement au point d'où il était parti. Ce travail, si compliqué, si minutieux, exige, pour être parfait, qu'un grand maître y mette la main.

Si l'on n'a pas de talent, de l'adresse, un tact, un goût très-fins, on ne peut dissimuler la soudure, et le but est manqué...

FIN DU VINGT-TROISIÈME ENTRETIEN.

VINGT-QUATRIÈME ENTRETIEN.

SOMMAIRE. — Solfége, vocalise, chant. — Mémoire des notes. — Justesse de l'oreille et de la voix. — Sentiment de la mesure. — Histoire d'une oreille fausse. — Maladie de l'ouïe. — Maladie du larynx. — Dangers d'une mauvaise direction vocale. — Un miracle. — Duprez. — Instinct musical des Allemands et des Italiens.

LE MAITRE. Nous connaissons à fond la théorie élémentaire de la notation musicale et une grande partie de la syntaxe; nous sommes familiers avec la portée, les clés, les figures de notes et de silence, le rhythme, les mesures, les mouvements, les signes d'expression, les intervalles, les dièses, les bémols, les bécarres, les altérations de *son* et de *durée*, les accolades, les guidons, les reprises, les appoggiatures, les trilles, les points d'orgue, le diapason vocal, le métronome, les genres diatonique, chromatique et enharmonique, la tonalité ancienne et moderne, la formation des gammes, leur parenté, leurs alliances si curieuses, les principes de la mélodie et les préliminaires de l'harmonie.

Aujourd'hui, pour varier nos plaisirs, nous ferons un peu de théorie pratique, tout en nous occupant encore de théorie simple.

Nous procéderons à peu près toujours ainsi dans les entretiens suivants.

Qu'est-ce que *solfier?*

L'ÉLÈVE. C'est chanter en nommant les notes.

— Qu'est-ce que vocaliser?

— C'est chanter sur une des voyelles *a, e, i, o, u;* l'*a* se prête mieux que toutes les autres à cet exercice.

— Qu'est-ce que chanter proprement dit?

— C'est faire entendre des sons musicaux sur des paroles.

— Avant même de chanter une romance, il faut donc solfier et vocaliser alternativement pendant plusieurs années?

— Oui, sans doute, si l'on ne veut pas jouer le rôle insipide de perroquet.

— Donnez un exemple de ces trois manières d'employer la voix humaine.

— Voici :

— Quelles sont les conditions essentielles pour bien solfier?

— 1° La mémoire des notes; 2° la justesse de l'oreille et de la voix; 3° le sentiment de la mesure.

— C'est donc plus difficile que de lire du français ou du latin?

— Sans doute, puisqu'il faut songer tout à la fois au nom des notes, à leur intonation et à leur valeur, tandis que, dans la lecture ordinaire, on n'a point à s'occuper d'autre chose que du nom des lettres et de leur assemblage par syllabes, puis par mots. Il y a bien encore la ponctuation, mais elle existe aussi en musique, et bien plus compliquée que dans le discours; puis, la respiration, pour chanter, demande plus de soins que la respiration pour réciter.

Il est vrai que, pour débiter une harangue, il faut parler *juste*, et que beaucoup de gens parlent *faux*. Une certaine intonation, qui change à chaque membre de phrase, à chaque période, est encore indispensable. Les Grecs anciens y attachaient tant de prix, et avec raison, qu'il y avait toujours, dans leurs assemblées, un instrumentiste pour donner le ton à l'orateur; mais tout cela n'est pas comparable aux exigences de l'art du chant.

— Est-ce que la justesse de la voix ne dépend pas toujours de la justesse de l'oreille?

— Pas toujours.

— Vous avez raison. Certainement, si l'oreille est fausse, la voix ne saurait être juste, car alors le chanteur n'a pas la conscience des sons qu'il émet. D'un autre côté, l'on peut avoir l'oreille juste et pourtant chanter faux ; seulement, on s'en aperçoit. Ceci doit s'expliquer par un vice générique dans les organes vocaux, un défaut physique dans les voies respiratoires, vers la région des poumons, dans le larynx, la glotte, l'épiglotte, les amygdales, le palais et toute la conformation de la bouche. Du reste, si vous désirez être plus éclairé sur la partie anatomique de l'*instrument vocal*, lisez un ouvrage curieux et instructif, *l'Hygiène du Chanteur*, par le docteur Second, aussi bon musicien que savant physiologiste, et qui, sous un nom de guerre, est aujourd'hui l'un des premiers ténors de l'Italie.

Un chanoine de la cathédrale d'Angers, que j'ai beaucoup connu dans mon enfance, avait la manie, pendant les offices, de mêler sa voix rauque et archifausse à celles des chantres à gages. Ce respectable ecclésiastique avait bien réellement l'oreille fausse ; car, détonnant toujours, il accusait sans cesse les choristes, qui chantaient juste, de ce crime de lèse-musique. C'était risible de le voir se démener dans sa stalle et écorcher impitoyablement les louanges du bon Dieu.

Peut-on corriger une oreille fausse ?

— Cela dépend de la gravité de la maladie. On guérit la phthisie pulmonaire quand elle n'est qu'au premier degré ; mais si elle atteint le second et surtout le troisième, on ne la guérit plus. Il en est de même de l'oreille. Cependant il s'accomplit dans notre individu des transformations si bizarres, des mystères si impénétrables, qu'on se montrerait peut-être audacieux en tranchant la question.

— Très-bien dit. Voici un fait qui vient à l'appui de votre réserve.

Il y a vingt-huit ans, au début de ma carrière de maître de chapelle à la cathédrale du Mans, on me présenta pour choriste un enfant qui paraissait intelligent, et que je pris à l'essai : sa figure m'avait intéressé. Dès le premier jour, je tâche de lui faire chanter la gamme : impossible d'obtenir un son juste ! Je remets la partie au lendemain : même résultat ! Huit jours, quinze jours se passent : aucun changement dans cette oreille barbare !

Enfin, un mois s'écoule dans une vaine attente, et ma patience est à bout. J'allais en écrire à sa mère, quand je m'avise de tenter une dernière expérience. Cette fois, je reste stupéfait : mon novice venait de parcourir toute l'échelle diatonique sans détonner! Mais, n'en croyant pas mes oreilles, je le fais recommencer trois et quatre fois : pas une note fausse! Je crie au miracle, et m'applaudis de ne l'avoir pas mis à la porte. La classe de solfége lui est ouverte à l'instant même; ses progrès sont rapides, et, quelques années plus tard, il était le meilleur élève de la maîtrise. Il est devenu depuis un excellent artiste.

Comment s'était opérée cette singulière métamorphose, je ne saurais le dire ; tout ce qu'il y a de certain, c'est que la maladie s'était plutôt logée dans l'oreille que dans le larynx, car le pauvre enfant ne s'apercevait pas qu'il chantait faux. S'il put enfin apprécier les sons de la gamme, c'est que le mécanisme de l'ouïe se mit subitement à fonctionner d'une manière plus normale, plus régulière. Quel fut le moteur? *That is the question!*

Vous pensez, n'est-ce pas, qu'on ne peut pas guérir toute espèce d'oreilles fausses?

— Je n'ai pas, sur ce point, de certitude bien acquise.

— Quant à moi, je penche à croire qu'elles sont à peu près toutes guérissables, ou plutôt, qu'il n'y en a point de complétement fausses dans l'acception rigoureuse du mot.

Voici sur quoi j'appuie cette opinion, partagée par bien d'autres musiciens.

Avant l'apparition de Martin Luther, l'Allemagne n'avait pas de chanteurs; elle était obligée de les recruter en France. Le fougueux réformateur, qui était presque aussi fort en musique qu'en dialectique, et qui regardait notre art comme un puissant levier pour remuer les masses, imagina, dans le but de s'attirer des prosélytes, des composer des *chorals* (chœurs en *chant plane*) en plain-chant, et de les faire exécuter dans les temples par des milliers d'adeptes, hommes et femmes. A partir de cette époque, l'Allemagne ne manqua plus de chanteurs.

A propos de ces *festivals* religieux, on a cru pouvoir assurer que, dans cette immense armée de choristes presque improvisés, on n'entendit jamais de voix fausses. Étaient-elles peu nombreuses et couvertes par la puissante sonorité de milliers de voix justes? Se fondaient-elles dans l'ensemble par attraction? Prenaient-elles forcément le diapason des autres? Le bruit majestueux qui se faisait autour d'elles, en ouvrant brusquement les parois intérieures de l'ouïe chez des natures rebelles, était-il cause que leur organe vocal fonctionnait mieux? Toutes ces probabilités peuvent raisonnablement se traduire en certitudes.

Pendant de longues années, j'ai dirigé des chœurs, à l'église, dans les lycées, les écoles normales, les pensions, chez les frères de la Doctrine Chrétienne et dans des cours particuliers; j'ai eu jusqu'à deux cents voix d'enfants ou de jeunes gens et de jeunes filles à ma disposition.

Après une revue générale, si je trouvais douze à quinze voix réputées fausses, loin de les éliminer, je les distribuais dans les groupes, auprès des chefs d'attaque. Eh bien, je puis affirmer que jamais, dans l'ensemble, je ne me suis aperçu qu'elles détonnassent plus que les autres. Je me suis même convaincu que ces voix malades, parce que l'oreille était infirme, se transformaient tout à coup après de nombreux exercices en commun, et qu'alors on pouvait les employer à part sans craindre une cacophonie (1).

Une personne ayant la voix fausse et l'oreille juste est-elle guérissable?

— Oui, quelquefois; mais, dans cette occurrence, il est essentiel de recourir à des médecins célèbres, comme Ponchard, Duprez et surtout Manuel Garcia, dont on pourrait citer les cures merveilleuses. On dit que Lablache et Bordogni, d'illustre mémoire, étaient, sur ce point, de vrais docteurs ès sciences.

L'opération est longue et délicate : elle exige une connaissance approfondie de l'anatomie et de la physiologie des organes de la voie. La réussite est chanceuse. Que de soins, de précautions minutieuses, d'exercices habilement conduits, pour arriver à cet heureux résultat! Ici, l'art doit triompher de la nature, et ce n'est pas chose facile, comme vous savez.

— Une voix juste peut-elle devenir fausse?

— Oui, si elle est dirigée par un professeur inhabile, ou si

(1) De *cacos*, mauvais, et de *phoné*, voix, son.

l'on tente par soi-même des efforts surnaturels pour lui donner un volume de son qu'elle ne comporte pas, et lui faire atteindre des cordes impossibles ; bien plus, on risque de la perdre entièrement, et, avec elle, la santé, la vie même. Dans ces dernières années, nous n'en avons vu que trop d'exemples. L'exercice du chant est une gymnastique des poumons fort salutaire, si on la fait avec prudence, dans le cercle prescrit par la nature.

— Pourtant, notre grand chanteur, Duprez, s'est affranchi de ces règles incommodes; il a suivi le système opposé, faisant des efforts inouïs pour se créer cette voix magnifique, cette puissance de son que la nature lui avait refusée, et il n'est pas mort à la peine.

— Non, sans doute; mais il avait une poitrine de fer, de larges épaules; il était trapu; toute sa charpente était solide; puis il possédait une intelligence musicale supérieure : Choron, son maître, en faisait le plus grand cas. L'esprit, chez Duprez, vint au secours de la matière, et, comme tous nos hercules du Nord, il employa dans ces dangereux exercices moins de force que d'adresse. Autre raison péremptoire : il s'était envolé vers le beau ciel de l'Italie, cette terre classique des arts, où les voix poussent comme des champignons. Qui nous dit que l'influence d'un climat si doux ne fut pas pour quelque chose dans le miracle en question?

Il y avait, chez le grand artiste, un art infini, qui se jouait sans cesse de la nature. Mais voyez ces jeunes ténors, désireux de marcher sur ses traces : ils succombent presque tous à la peine. Pourquoi? Parce qu'ils ne sont pas charpentés comme leur maître, qu'ils négligent ses procédés, qu'ils ne sont pas dans la même atmosphère, qu'ils lancent des sons avec une énergie factice, presque sauvage, sans progression, sans art aucun. Ils ne savent ménager ni les ressources de l'élément vocal, ni celles du principe respiratoire. Ouvrir la bouche comme un four, grimacer comme un arlequin, reproduire avec les bras le jeu de l'ancien télégraphe, rejeter en arrière leur crinière flottante, lever les yeux au ciel pour y chercher l'inspiration, exagérer le sentiment dans la romance, attaquer les morceaux brillants avec des airs de matamore, avec des éclats de voix qui ressemblent à ceux du tonnerre ou, du moins, qui s'efforcent d'y ressembler, comme la grenouille au bœuf; voilà le suprême mérite de ces virtuoses de contrebande.

Duprez, nous a-t-on dit, n'avait point négligé d'essayer ses forces avant de commencer ses pénibles exercices; il ne s'était pas aventuré, sans étoile, dans cette voie périlleuse; et ce fut par un *crescendo* très-habilement ménagé qu'il sut atteindre le but.

— Comme c'est la fin qui couronne l'œuvre, je vous demanderai si Duprez conserva longtemps cette puissance de voix incomparable, qui est un phénomène chez un ténor?

— Il la conserva, certes, bien assez pour se faire une réputation qui ne périra pas; mais pas assez pour le plaisir de ses auditeurs. Les directeurs de théâtre, pour faire entrer plus d'argent dans leur caisse, abusent de l'organe et du talent de leurs premiers sujets; ils leur font, pour ainsi dire, recommencer les travaux d'Hercule; seulement, au lieu de *douze,* c'est quelques centaines qu'il faut compter.

— Le sentiment de la mesure s'acquiert-il?

— Non, il se développe; si son germe n'existe pas dans la tête d'un élève, c'est en vain que vous chercherez à le lui donner. Du reste, il en est de ce sentiment comme de celui du rhythme en poésie : l'art n'y peut rien, quand la nature nous en a privés totalement. Mais, parce qu'un enfant n'ira pas en mesure de prime-abord, ne vous pressez pas de le mettre au rang des Midas; ce défaut tient souvent à des causes passives.

— Lesquelles?

— Les voici :

La musique, comme le langage, est un art d'imitation. Si, dès notre plus bas âge, nous entendons sans cesse autour de nous des personnes s'exprimant avec aisance et pureté, nous nous habituons, au bout d'un certain temps, à parler comme elles. De même, si nous suçons la musique avec le lait, à l'exemple des Allemands et des Italiens, notre oreille, à moins qu'elle ne soit barbare, se façonne presque insensiblement à l'entente du rhythme et de l'intonation. Chez nous, déjà, l'instinct musical étant bien enraciné, la terre toute prête à recevoir une nouvelle semence, l'éducation fait le reste sans beaucoup de peine.

— Ce que vous dites là repose sur l'expérience; j'en pourrais fournir plus d'une preuve. Continuez.

— Si, au contraire, nous appartenons à une famille anti-musicienne, nous sommes dans le même cas que les enfants des paysans par rapport au langage. N'ayant point entendu converser dans cette langue divine (la musique) pendant les huit ou dix premières années de notre vie, qu'arrive-t-il alors, si l'on vient à essayer nos facultés vocales? Tout d'abord, nous trébuchons en montant ou en descendant l'échelle diatonique, et nous battons la mesure à faux. Mais un professeur instruit, expérimenté, ne s'en tient pas à cette première épreuve, il la renouvelle bien des fois, et, quelquefois, la centième seulement lui donne gain de cause.

Du reste, d'après vos calculs, il y aurait moins d'oreilles et de larynx infirmes qu'on ne le pense généralement.

— Et la mémoire des notes, que nous avons passée sous silence, est-elle difficile à acquérir?

— Pour certaines organisations, oui; pour beaucoup d'autres, non. Il n'est pas rare de rencontrer des enfants qui apprennent leurs notes dans deux heures, comme aussi l'on en trouve qui, malgré leur aptitude pour le rhythme et l'intonation, arrivent difficilement à se familiariser avec elles. En fin de compte, le mal n'est pas grand : ils en sont quittes pour vocaliser au lieu de solfier.

FIN DU VINGT-QUATRIÈME ENTRETIEN.

VINGT-CINQUIÈME ENTRETIEN.

SOMMAIRE. — Épreuves vocales. — Secret pour ouvrir avec toutes les clés : diapasons qu'elles représentent.

Le Maitre. Nous allons revenir, pour un instant, à l'*abc* du solfége, pour y chercher un point d'appui qui nous est indispensable.

En parlant de la clé de *sol*, vous nous avez indiqué le moyen d'apprendre les notes de la gamme modèle, mais vous avez passé trop légèrement sur cette théorie pratique qui donne entrée dans toutes les méthodes de lecture musicale. Tracez-nous donc une marche à suivre pour pénétrer facilement, d'abord dans le domaine de la clé de *sol*, puis dans celui de toutes les autres.

L'Élève. M'y voilà.

Clé de Sol.

Gamme à double octave, servant de guide-âne :

Voici maintenant les notes à deviner, les pièces du jeu de patience dispersées au hasard, et qu'il nous faut rassembler dans un certain tiroir de notre mémoire. Nous les reconnaîtrons en comparant leur position, sur les portées suivantes, à la position des notes du guide-âne, dont les noms sont écrits sur ou sous chacune d'elles.

Les principaux jalons, épars dans ce casier général, sont :

Quand on connaît bien ces diverses positions du *do* et du *sol*, qui font ici l'office de moniteurs, on n'est pas longtemps à se graver dans la mémoire le nom, la position des autres notes. Il faut toujours prendre le *do* et le *sol* pour points de départ, et dire :

« Dans la gamme ascendante, le *ré* doit suivre immédiatement le DO, *premier jalon;* le *fa*, précéder le SOL, *second jalon;* le *mi*, se glisser entre le *ré* et le *fa;* le *la*, se présenter après le SOL, et le *si*, précéder le DO du médium*; troisième jalon.* »

On répète le même procédé pour l'octave suivante, en ayant soin de faire cette remarque assez utile : les mêmes notes, que l'octave inférieure nous montrait à cheval sur les lignes, occupent ici les interlignes; et celles qui étaient emprisonnées entre les lignes se trouvent traversées par elles. Ce changement s'arrête au *do* double octave; là, recommence la première disposition.

— C'est vrai. Si donc on étendait l'échelle, la troisième octave serait disposée comme la première, et la quatrième comme la seconde. Complétez votre démonstration.

— Voici :

Do grave est traversé par une petite ligne supplémentaire; *do* octave est entre la 3e et la 4e ligne; *ré* d'en bas, sous la 1re; *ré* d'en haut, traversé par la 4e; *mi* d'en bas, par la 1re; *mi* d'en haut, entre la 4e et la 5e; *fa* d'en bas, entre la 1re et la 2e; *fa* d'en haut, traversé par la 5e; *sol* d'en bas, par la 2e; *sol* d'en haut, au-dessus de la 5e; *la* d'en bas, entre la 2e et la 3e; *la* d'en haut, coupé en deux par une petite ligne d'emprunt; *si* d'en bas, par la 3e ligne; *si* d'en haut montre sa tête au-dessus de la petite ligne provisoire; *do* octave est dans le troisième interligne; enfin, *do* double octave domine la foule; il est coupé en deux par une seconde petite ligne de rechange, au-dessus de la portée.

— Ah! si l'on vous accusait de ne pas mettre les points sur les *i*, je crierais à l'injustice! Conduisez-nous, à présent, dans le domaine de la clé de *fa*.

— Nous allions y entrer : il est si près de celui de la clé de *sol*, qu'on va de l'un dans l'autre sans inconvénient.

Clé de Fa, 4e ligne.

Gamme à double octave, servant de guide-âne :

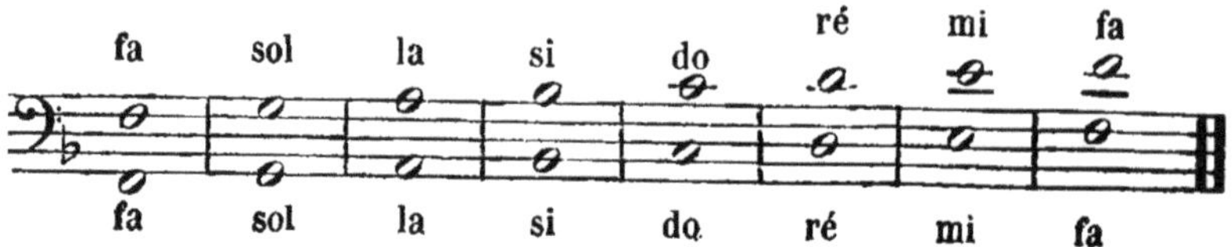

Voici maintenant les notes à nommer en consultant l'exemple ci-dessus :

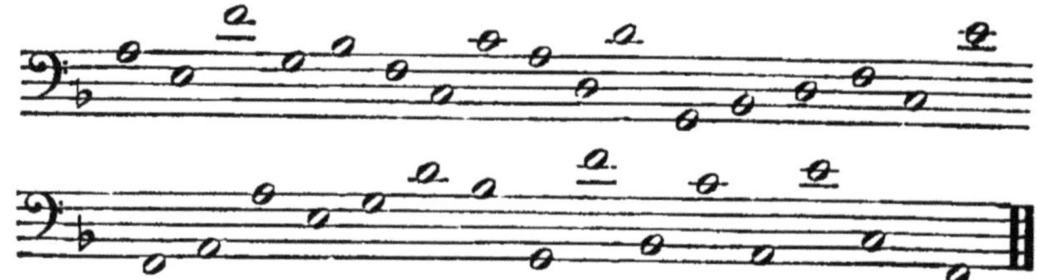

Les principaux jalons, épars dans ce casier général, sont :

On voit que la clé de *fa*, 4e ligne, donne le *nom* des notes une tierce au-dessus de la clé de *sol*.

Exemple :

— Vous ne parlez ici que du *nom* des notes, mais leur *son?*

— C'est différent. Voici le rapport exact qui existe entre les deux diapasons :

Il est clair que le *do* de la clé de *sol*, bien qu'il soit au-dessous de la portée, doit produire le même *son* que le *do* de la clef de *fa*, juché au-dessus des lignes.

Il est donc très-facile d'apprendre la clé de *fa*, 4e ligne, quand on sait parfaitement la clé de *sol*. Il suffit, pour cela, de nommer la note, d'abord comme si elle était écrite à la clé de *sol*, puis de monter une tierce (par la pensée) pour trouver son nom à la clé de *fa*.

Quand on est familier avec ces deux clés, on arrive à la connaissance des autres par la méthode des rapprochements.

La clé de *fa*, 3e ligne, donne le *nom* des notes une tierce au-dessus de la clé de *fa*, 4e ligne, dont elle suit le diapason. C'est donc à cette dernière qu'il faut d'abord songer, pour ensuite, avec son aide, mieux apprendre la première.

Exemple :

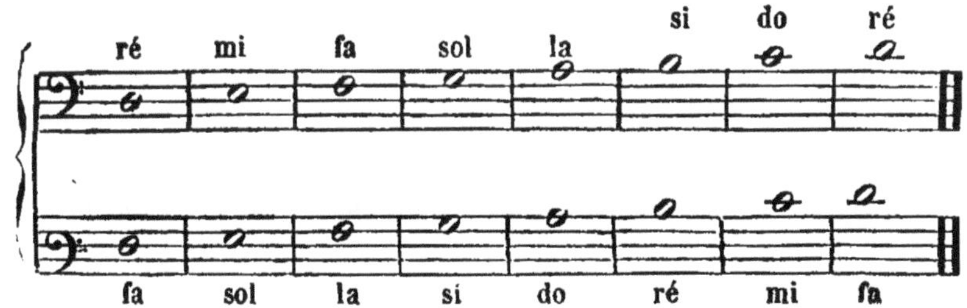

— N'employait-on pas autrefois la clé de *sol* sur la première ligne?

— Certainement ; mais, depuis longtemps, on l'a mise de côté, parce qu'elle était complétement inutile : elle donnait le même *nom* aux notes que la clé de *fa*, 4e ligne ; mais son diapason était une double octave au-dessus.

Exemple :

La clé de *do*, 1re ligne, donne le *nom* des notes une tierce au-dessous de la clé de *sol* : son diapason est le même.

Exemple :

— Cette clé de *do*, 1re ligne, est-elle encore bien usitée ?

— Oh ! oui. Les compositeurs, dans des ouvrages sérieux, de longue haleine, écrivent presque toujours la partie de *soprano* à la clé de *do*, 1re ligne, au lieu de l'écrire à la clé de *sol*, 2e ligne. Ils en agissent ainsi pour forcer les exécutants à ne pas oublier leurs clés et les préparer à la transposition, qui ne peut pas plus se passer de la clé de *do*, 1re ligne, que des autres ; mais, à la rigueur, on pourrait écrire toute la musique pour *soprano* sur la clé de *sol*.

— Parlez-nous des autres clés de *do*.

— Volontiers ; car c'est un vrai plaisir d'ouvrir avec toutes les clés.

Il est urgent de se rappeler sans cesse la clé de *fa*, 4e ligne, quand on veut arriver à bien connaître la clé de *do*, 2e ligne, qui donne le *nom* des notes une seconde au-dessus.

Exemple :

Quant au diapason, la clé de *do*, 2e ligne, donne ici tout naturellement le *son* de ses notes une neuvième au-dessus du *son* des notes de la clé de *fa*.

— Cette clé de *do*, 2e ligne, est-elle aujourd'hui beaucoup employée?

— Elle ne sert guère que pour les besoins de la transposition, n'était pour écrire de la musique de *cor anglais*, instrument aux sons graves, mélancoliques, et qui tient le milieu entre le haut-bois et le basson (en italien, *fagotto*). Tous les trois sont de la même famille et ont eu pour principe le *jeu* principal, ou le plus petit chalumeau de la musette, qui, dans son état grossier, s'appelle *cornemuse*.

— Bravo! Mais vous n'avez pas fini?

— Pas encore.

La clef de *do*, 3e ligne, s'apprend au moyen de la clé de *sol* : elle donne le *nom* des notes un degré plus haut.

Exemple :

La clé de *do*, 4e ligne, s'apprend aussi au moyen de la clé de *sol* : elle donne le *nom* des notes un degré plus bas.

Exemple :

A l'œil, le diapason de ces deux clés de *do* semble le même que celui de la clé de *sol;* mais, par le fait, il est une octave au-dessous.

— A quels usages emploie-t-on ces deux clés ?

— Autrefois, la clé de *do*, 3e ligne, servait pour la *haute-contre,* ou ténor très-élevé, voix presque féminine, qui s'amusait à faire des fioritures dans les vieilles basiliques, pour orner ce qu'on appelait improprement le *contre-point*, le *chant fleuri ;* le nom de *chant détestable* lui eût été beaucoup mieux. C'était une harmonie barbare, au milieu de laquelle le *serpent*... de la paroisse lançait ses pétarades. Aujourd'hui, cette clé de *do*, 3e ligne, est particulièrement affectée à la musique d'*alto,* instrument à cordes qui tient le milieu entre le violon et le violoncelle il est de la même famille, et la contre-basse aussi.

— Et la clé de *do,* 4e ligne ?

— Elle est la propriété du ténor. On s'en sert aussi pour plusieurs instruments : le basson, le violoncelle-solo et le trombone. Ce dernier accapare même trois clés : la clé de *do*, 3e ligne, pour le trombone-alto; la clé de *do*, 4e ligne, pour le trombone-ténor, et la clé de *fa*, 4e ligne, pour le trombone-basse. Les cuivres sont en faveur aujourd'hui. Ces auxiliaires bruyants mettent le trouble dans tous les orchestres : leur sonorité stridente détériore toutes les oreilles; elle serait capable de réveiller un mort. C'est pour cela qu'on assure que les trompettes du jugement dernier ne seront autre chose que des trombones flanqués de *saxhorns*.

— Donnez-nous un exemple d'un *unisson* (1) exécuté par un

(1) L'*unisson* (en italien : *unisono*, un seul son) est le rapport de deux

soprane, un ténor et une basse, chacun dans leur sphère naturelle.

— C'est facile.

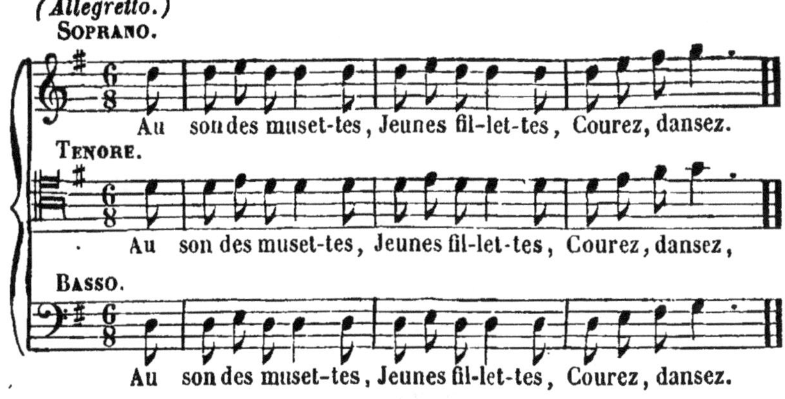

Le ténor chante une octave au-dessous du soprane et une au-dessus de la basse : cette dernière, par conséquent, chante deux octaves au-dessous du soprane et une au-dessous du ténor.

— C'est à merveille ! L'usage ici fait encore la loi, puisqu'il laisse appeler *unisson* (1) un chant entonné et joué par tous les choristes et l'orchestre sur des notes de même nom, mais dans des diapasons plus ou moins dissemblables. Que d'absurdités, grand Dieu, dans le vocabulaire musical !...

sons sur le même degré, c'est-à-dire d'égale élévation en gravité. Le *Lexique* de Walter vous dit que, dans certains cas, il vaut mieux l'appeler *équisson*. Dans l'exemple précité, je l'appellerais *équinote*. Il n'y a pas véritablement *unisson* quand les voix d'un chœur chantent les mêmes notes, jà des octaves différentes.

(1) Il est des compositeurs qui confondent les *unissons* avec les *tutti* (tous à la fois, et non pas : *tous la même chose*). Le mot italien *tutti* indique simplement la reprise de tout le chœur après l'exécution d'un *solo*, ou bien la reprise des voix de *ripiène* (de réserve, de renfort) après une suspension de ces mêmes voix, pendant le chant d'une ou plusieurs parties obligées.

FIN DU VINGT-CINQUIÈME ENTRETIEN.

VINGT-SIXIÈME ENTRETIEN.

SOMMAIRE. — Nécessité de connaître toutes les clés. — Transposition à vue. — Transposition écrite ou préparée. — Transposition double sur le piano ; simplification de son emploi. — Intonation. — Altération des intervalles ; ses effets.

Le Maitre. Dites-moi à quoi la connaissance de toutes les clés est particulièrement nécessaire?

L'Élève. A la transposition.

— Qu'est-ce que la transposition ?

— C'est l'action de changer le *ton* dans lequel un morceau de musique est écrit.

— Y a-t-il plusieurs manières de transposer?

— Il y en a deux. La première consiste dans la supposition d'une autre clé, d'une autre armure et d'autres notes sur le cahier, à l'instant même où l'on déchiffre : c'est la *transposition à vue.*

La seconde consiste à recopier le morceau dans le ton qu'on veut substituer à l'ancien. On ne change pas la clé, cela va sans dire ; mais on y ajoute ou l'on y retranche les dièses ou les bémols nécessaires à cette transformation : c'est la *transposition écrite ou préparée.*

La première exige, de la part de l'exécutant, de la science, du sang-froid, de l'habitude; dans la seconde, le travail est tout fait, le mérite revient au copiste tout seul.

— Donnez un exemple de la *transposition à vue?*

— Voici :

— Maintenant, un exemple de la *transposition préparée?*

— Voici :

— Dès le deuxième entretien, n'avons-nous pas fait entrevoir la transposition par le moyen des clés?

— Si; mais je vais en donner une preuve plus complète.

Exemple :

Cet exemple vient corroborer tout ce que nous avions déjà dit sur ce sujet.

— Le casier que vous venez d'établir ne vous suggère-t-il pas une remarque qui a sa valeur ?

— Certainement si ; j'y vois la preuve que, n'importe dans quelle gamme majeure, en cherchant bien, on retrouve la gamme de *do*. Je pourrais ajouter que, dans toutes les gammes mineures, on découvre celle de *la* mineur, qui prend elle-même source dans celle de *do*, mère féconde, échelle modèle.

— Les morceaux de piano n'exigent-ils pas une transposition double ?

— Oui.

— Quelles sont les règles générales à suivre pour cette transposition ?

— Je vais les donner à l'instant ; une petite réflexion, tout d'abord.

Personne n'ignore que la musique de piano s'écrit ordinairement à la clé de *sol* pour la main droite, et à la clé de *fa*, 4e ligne, pour la main gauche (1). Il faut donc, quand on veut transposer, changer deux clés à la fois, ou supposer deux clés différentes, ce qui constitue réellement une *transposition double*. Voici les règles à suivre pour ce travail difficile : si l'on élève le morceau d'un degré (une seconde), et que l'on change, par conséquent, la clé de *sol* en clé de *do*, 3e ligne, il est nécessaire de remplacer celle de *fa*, 4e ligne, par celle de *do*, 2e ligne.

Exemple :

Si l'on élève le morceau de deux degrés (une tierce), la clé de

(1) Quand les deux mains jouent à la fois dans les octaves supérieures, on emploie les deux clés de *sol;* dans le cas contraire, deux clés de *fa*.

sol est remplacée par celle de *fa*, 4e ligne, et la clé de *fa*, 4e ligne, par celle de *fa*, 3e ligne. Exemple :

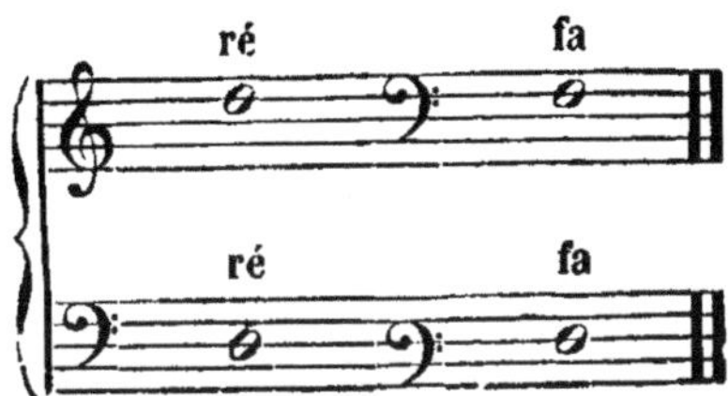

Si on l'élève de trois degrés (une quarte), la clé de *sol* est remplacée par celle de *do*, 2e ligne, et la clé de *fa*, 4e ligne, par celle de *do*, 1re ligne. Exemple :

Si l'on abaisse le morceau d'un degré, la clé de *sol* cède la place à celle de *do*, 4e ligne, et la clé de *fa*, 4e ligne, à celle de *do*, 3e ligne. Exemple :

Transposition à deux degrés plus bas :

Clé de *do*, 1re ligne, au lieu de clé de *sol*, et clé de *sol* au lieu de clé de *fa*, 4e ligne.

Si l'on veut transposer à trois degrés plus bas, on met la clé de *fa*, 3e ligne, à la place de la clé de *sol*, et la clé de *do*, 4e ligne, au lieu de la clé de *fa*, 4e ligne.

Exemple :

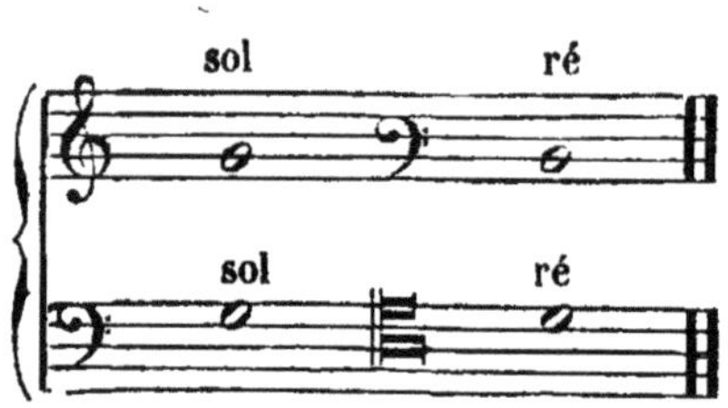

— C'est assez. Nous sommes édifiés sur cette matière. Toutefois, une question, avant d'aller plus loin. Quand vous changez de clés, pour la transposition, celles qui ont pris la place des autres imposent-elles au morceau de musique le *diapason* qu'elles représentent?

— Non ; car les voix ou les instruments seraient obligés, dans ce cas, de changer subitement le leur, ce qui n'est pas praticable. Ce sont donc toujours les clés, primitivement placées en tête du morceau, qui règlent son diapason. Il est bien certain que les clés *transpositrices* changent le *nom* et le *son* des notes, mais non l'*octave* qu'elles occupent dans le diapason normal des voix ou des instruments.

Reprenons en sous-œuvre notre dernier exemple noté. Le *sol*, produit par la clé de même nom, se trouve dans le diapason du soprane ou de la clarinette. Eh bien, le *ré*, qui lui est substitué, tout en étant, par le fait, une quarte plus bas, reste dans le même diapason, dans la même famille. Si ce *ré*, produit par la clé de *fa*, 3e ligne, prenait le diapason de cette clé, c'est-à-dire celui du baryton ou du trombone-basse, on aurait une transposition à la *onzième* au-dessous, au lieu de l'avoir à la *quarte* au-dessous.

D'un autre côté, le *sol*, produit par la clé de *fa*, 4e ligne, se trouve dans le diapason de la base chantante ou de basse d'orchestre. Le *ré*, qui lui est substitué, tout en étant, par le fait, une quarte plus bas, reste naturellement dans le même diapason. Si ce *ré*, produit par la clé de *do*, 4e ligne, prenait le diapason de cette clé, c'est-à-dire celui du ténor ou du basson solo, nous comprenons sans peine qu'on aurait une transposition à la *quinte* au-dessus, au lieu de l'avoir à la *quarte* au-dessous.

— Très-bien raisonné! Mais rendez-moi ces deux points plus sensibles, à l'aide d'un double exemple.

— C'est facile. Tenez, voici mon résultat.

Effet de la dernière transposition :

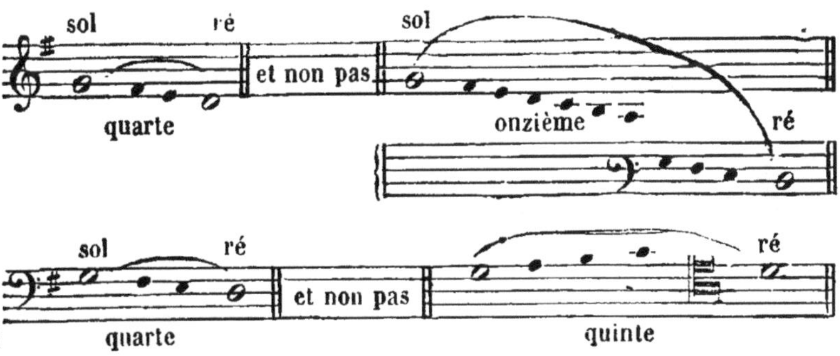

— Bravo! Maintenant, nous connaissons à fond tout ce qui a apport à l'écriture musicale et à la lecture rhythmique sur les sept clés. Ne nous reste-il pas quelque chose à dire sur l'*intonation?* N'avons-nous pas négligé de parler de l'*altération* des intervalles et de ses effets?

— Oui.

— Commencez donc par m'expliquer ce qu'il faut entendre par le mot *intonation.*

— « C'est, d'après le docteur Lichtenthal, l'action de prendre, de saisir un ton, en se réglant sur le ton d'un instrument, ou sur la connaissance que l'on a de l'ordre des divers degrés de l'échelle. »

La définition suivante offre un sens plus applicable au cas présent.

« L'intonation, dit le même auteur, est cette propriété des sons qui agit de manière à ce qu'ils deviennent des tons, c'est-à-dire à ce qu'ils diffèrent du grave à l'aigu. » Donc, on *chante juste* ou *faux*, selon qu'on observe ou qu'on enfreint les lois qui régissent l'*intonation*.

— Et comment arriver, avec la voix seule, sans le secours d'un violon ou d'un piano, par exemple, à produire exactement toutes les variétés de son contenues dans l'étendue de l'instrument divin ?

— Par l'étude sérieuse et prolongée des intervalles et de leurs nombreuses *altérations*. Le vrai musicien, nous l'avons déjà dit, a toujours dans l'oreille le *la* du diapason normal : avec ce guide infaillible, sa voix parvient à trouver toutes les intonations possibles.

— Mettez-moi sous les yeux les intervalles *naturels* de la gamme modèle.

— Les voici :

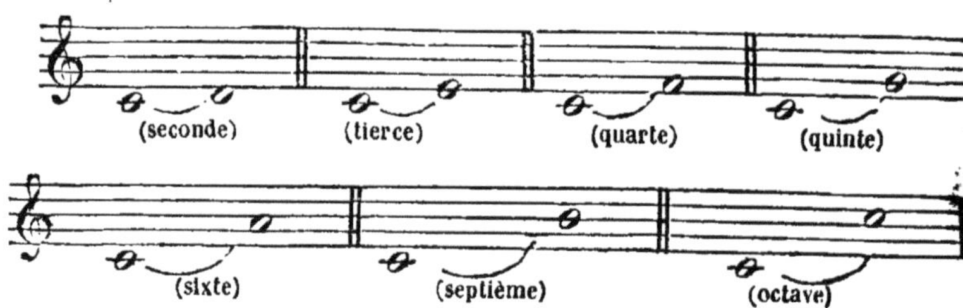

— Est-ce que chacun de ces intervalles naturels peut être augmenté ou diminué, mineur ou majeur?

— Certainement.

— Donnez-moi, de ces variations de l'intonation primitive, une explication claire, précise.

— Rien n'est plus aisé.

La *seconde* peut être mineure, majeure ou augmentée.

La *tierce*, diminuée, mineure ou majeure.

La *quarte*, diminuée, inaltérée ou augmentée.

La *quinte*, diminuée, inaltérée ou augmentée.

La *sixte*, mineure, majeure ou augmentée.

La *septième*, diminuée, mineure ou majeure.

L'*octave* est inaltérable.

Exemple:

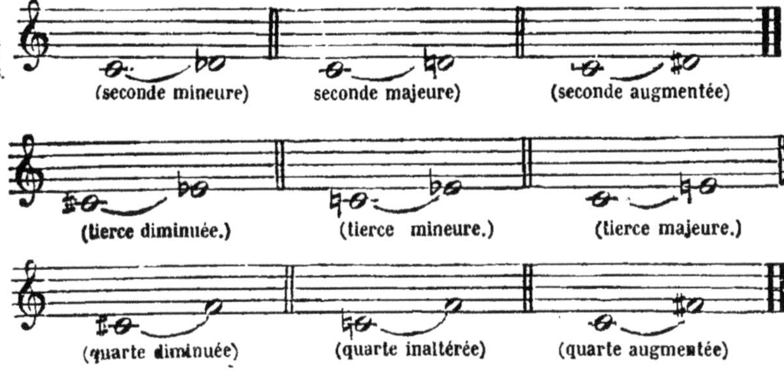

La quarte augmentée s'appelle aussi *triton*, du grec *tritonon*, composé de *treis*, trois, et de *tonos*, ton. En effet, cet intervalle est formé de trois tons.

— On ne pourrait donc pas du tout altérer l'*octave?*

— Si, mais en considérant le *do* ♯ comme une petite note qui va chercher un repos sur le *ré*. Dans le cas où le repos s'effectuerait sur le *do* lui-même, le *ré* ♭, son enharmonique, viendrait instantanément s'emparer de la place et constituer une *neuvième* mineure.

Exemple :

Toutes ces altérations enrichissent considérablement l'échelle vocale ou instrumentale : elles s'emploient surtout dans la modulation d'une gamme majeure à *son mineur*, ou dans le passage d'un *ton* à un autre. Nous savons déjà qu'il suffit d'altérer la tierce et la sixte pour changer le *mode*, et que, par la suppression ou la formation d'une septième sensible, on se trouve accidentellement chez le voisin de gauche ou de droite.

— Remettez en lumière cette vérité fondamentale.

— Quand vous êtes en *do* majeur, glissez furtivement un *si* ♭, effectuez un repos harmonique sur le *la;* le tour est fait : vous vous trouvez en *fa* majeur. Le *si* ♮ avait, pour basse d'accompagnement, *sol* grave, et montait lui-même au *do* octave, tandis que ce *sol* allait trouver le *do* tonique. Le *si* ♭ prend pour basse *do* grave et descend lui-même au *la,* tandis que ce *do* monte au *fa,* basse naturelle du *la.*

— Opérez d'une autre manière.

— Supposez que vous êtes encore dans la gamme modèle. Placez adroitement un *fa* ♯, grimpez au *sol* et asseyez-vous là. Vous avez abandonné le ton de *do;* vous vous trouvez en *sol* majeur. Le *fa* ♮ avait, pour basse d'accompagnement, *sol* grave, et descendait lui-même sur le *mi,* tandis que ce *sol* montait au *do,* basse naturelle du *mi.* Le *fa* ♯ prend pour basse *ré* d'en bas, et monte lui-même au *sol* octave, tandis que ce *ré* va gagner le *sol* grave, tonique actuelle.

Ces diverses métamorphoses s'opèrent tout simplement, comme vous le voyez, par l'altération des intervalles.

Les exemples suivants appuieront le précepte.

2°.

— Très-bien...

FIN DU VINGT-SIXIÈME ENTRETIEN.

VINGT-SEPTIÈME ENTRETIEN.

SOMMAIRE. — Nécessité d'avoir quelques notions d'harmonie pour bien solfier. — Conseils pratiques à ce sujet. — Accords détaillés. — Accords plaqués. — Voyage en différentes gammes par la simple altération des notes.

LE MAITRE. Vous avez vu, dans l'entretien précédent, que, pour solfier avec assurance et ne pas se trouver arrêté par le moindre dièse ou bémol arrivant à l'improviste, il était absolument nécessaire de bien comprendre les altérations d'intervalles, de saisir au vol les changements de *ton* ou de *mode* qu'elles amènent sans cesse. En effet, pourquoi l'élève hésite-t-il en attaquant tel ou tel passage? Parce qu'il ne le comprend pas, parce qu'il ne sait pas dans quelle route il entre et comment il faut y entrer. Un excellent lecteur, Duprez, par exemple, songe beaucoup moins à la note qu'aux sinuosités harmoniques décrites par la phrase entamée ou celle qui suit. Une tonique, une quarte ou une quinte altérées sont pour lui des points lumineux qui lui annoncent un nouveau pays. Il a toujours devant les yeux la carte routière. Jamais il ne s'égare, ne tombe dans aucun précipice. Pourquoi cela? Parce qu'il sait à l'avance tous les sentiers (ordinairement sept ou huit, quelquefois quinze) qu'un *ton premier et dernier* peut parcourir, quels parents il aime à visiter, quels voisins il fréquente. On ne peut donc trop se rappeler ce que nous avons dit de l'enchaînement, de la fraternité des gammes.

Quand on a la voix juste et qu'on est déjà plus entièrement neuf en fait de rhythmes, de mesures et d'intonations, le secret, pour devenir habile lecteur, est tout entier dans l'intelligence instantanée des évolutions harmoniques du discours musical; l'expérience me permet de l'affirmer, sans crainte d'être démenti.

Que les professeurs de solfége se pénètrent donc bien de cette vérité; qu'ils s'efforcent de la mettre en pratique, comme l'a fait, pendant de longues années, l'un des plus capables, Panseron, et comme le fait encore, avec succès, dans les classes du Conservatoire, M. Baptiste, l'un des organisateurs de la *Société musicale des jeunes élèves*.

Voici ce que Lesueur, mon maître et ami, d'illustre mémoire, conseillait à tous ceux qui enseignaient, de son temps, la *solmisation* (1) :

« Dès qu'un enfant peut monter et descendre aisément les degrés de la gamme, il est bon d'habituer de suite son oreille aux principaux effets de l'harmonie; de lui faire *détailler* les accords avec la voix, en manière de prélude, puis de les lui *plaquer* sur le piano. »

Avant de passer à la consécration du précepte, j'ajouterai quelques observations pratiques, résultat de nombreux essais tentés pendant une longue carrière de professeur, et qui ont presque toujours réussi.

Quand l'élève a parcouru la première série des solféges de Panseron ou de Rodolphe, il est urgent de le mettre aux prises avec ceux d'Italie ou du Conservatoire. Tous ces exercices, si bien gradués, si variés de rhythmes et d'intonations, sont soutenus par une basse continue et chiffrée, qui renferme, en germe, l'harmonie nécessaire à l'accompagnement de ces leçons élémentaires. En effet, chaque note de cette basse est le fondement d'un accord primitif ou de son renversement, qu'on indique par un ou plusieurs chiffres, ornés parfois de signes conventionnels. Une grande partie des élèves musiciens se destinant au piano, rien n'est plus nécessaire, une fois qu'ils sont familiarisés avec la clé de *sol*, de leur enseigner de suite la théorie pratique de la clé de *fa*. Les solféges précités en fournissent le moyen le plus rationnel.

Jeunes mères de famille, ou jeunes professeurs (car je m'adresse, en ce moment, à toute la famille des distributeurs de science musicale), veuillez m'écouter avec attention; c'est un praticien de longue date, un fervent apôtre de l'art qui vous parle en ami.

(1) Action de solmiser, de solfier, c'est-à-dire de prononcer *sol, mi, fa ré*, etc., en chantant.

Suivez sans hésiter la marche logique que je vais vous enseigner :

1° L'élève déchiffrera seul la partie chantante d'une leçon de *vocale*, écrite à la clé de *sol ;*

2° Il répétera le même exercice pendant que vous chanterez la basse continue, écrite à la clé de *fa;*

3° Il déchiffrera seul cette basse chiffrée, dans un autre diapason sans doute, mais peu importe ;

4° Il répétera le même exercice pendant que vous solfierez la partie supérieure ;

5° Vous lui ferez expliquer le rôle des chiffres, indicateurs des accords ;

6° Enfin, vous *remplirez* ces accords, en les exécutant sur le piano, pendant une dernière interprétation de la partie chantante. De cette manière, votre élève deviendra tout à la fois lecteur solide et harmoniste théoricien.

Après une longue suite d'exercices semblables, vous lui ferez mettre les mains sur le piano : gardez-vous bien de le faire auparavant. Sitôt qu'il aura acquis un peu de mécanisme, cette gymnastique des doigts, vous l'habituerez graduellement à remplir lui-même, à l'aide des touches, les accords indiqués à la basse par des chiffres. Avec la main gauche, il fera sonner la note de basse, et, avec la main droite, les autres notes qui complètent l'accord. Ce sera le moyen le plus court, le plus sûr d'en faire un harmoniste praticien. Vous lui éviterez la peine de feuilleter des méthodes d'harmonie de cinq ou six cents pages, où tout est aussi noir que l'encre qui couvre les feuilles de papier. Plus tard encore, quand il aura tous les accords bien présents à la mémoire et comme incrustés dans son cerveau; lorsque vous lui reconnaîtrez une certaine habitude de ces diverses modulations écrites, répétées tous les jours, vous le forcerez à se lancer dans l'improvisation. D'abord vous lui tracerez un chant facile qu'il jouera de la main droite, et sous lequel il improvisera, de la main gauche, une harmonie convenable. S'il se trompe de route, vous le remettrez dans le bon chemin. Vous ne l'obligerez, dans les premiers temps, à moduler que du ton principal à la quinte, comme de *do* majeur en *sol* majeur, *et vice versâ*, ou de *la* mineur en *mi* majeur, et à l'inverse. Vous le préviendrez d'avance que toute péroraison classique, élémentaire, d'un morceau de musique, se compose de ceci : *sixte simple*, *sixte quarte*, *septième dominante* et *accord parfait*.

Exemple :

Puis, vous lui écrivez une basse chiffrée, qu'il sera chargé de remplir, sur le clavier, avec la main gauche, en improvisant un chant de la main droite. Enfin, vous lui ferez aborder peu à peu, sans secousse, toutes les difficultés mélodiques et harmoniques : vous serez étonné de ses rapides progrès, pourvu qu'il ait de l'intelligence et de l'imagination (Si ces conditions sont absentes, il faut se faire maçon ou laboureur). Je suis sûr qu'il deviendra, dans quelques années, par cette pratique constante, raisonnée, claire comme le jour, un lecteur parfait et un habile improvisateur. Je n'ai jamais suivi d'autre système, et je m'en suis assez bien trouvé. C'est la meilleure base, le meilleur fondement de toute réputation musicale. Si tous les professeurs eussent constamment suivi ce procédé, si tous les novices l'eussent mis en pratique, il n'y aurait pas tant d'intrus dans le sanctuaire de la musique !...

Pardon, cher élève, de cette longue digression ; elle était indispensable.

Revenons aux sages conseils de Lesueur.

Pouvez-vous m'offrir un exemple d'accords *détaillés* et d'accords *plaqués ?*

L'Élève. Certainement ; je l'avais écrit d'avance.

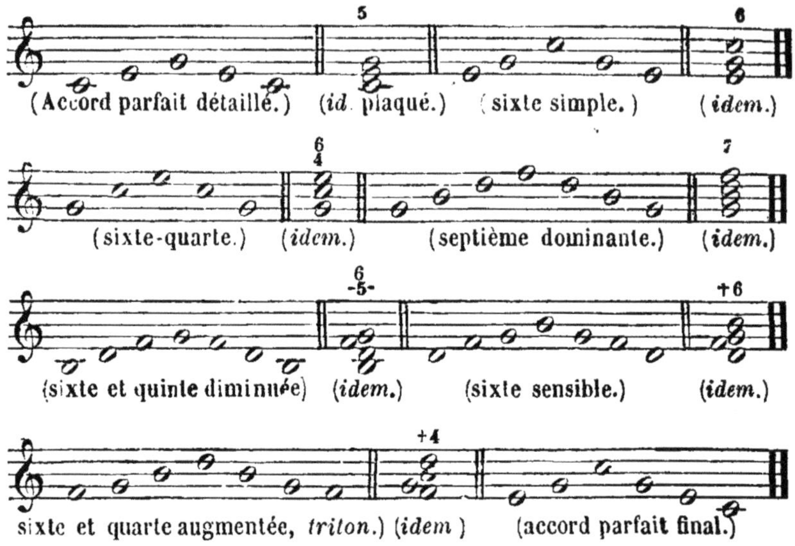

Cet exercice, répété dans les tons majeurs et mineurs, dont on se sert le plus souvent, produit les meilleurs résultats.

— Vous avez raison. Le maître ne doit pas oublier de soutenir lui-même le son de la première note de l'accord, pendant que l'élève se promène sur les autres notes : je suppose un professeur ayant de la voix, et ne donnant pas leçon de *vocale* avec un violon, comme cela se pratique trop souvent.

Quand cette étude préliminaire est finie, il faut faire voyager l'élève dans différents tons et modes, en lui donnant le temps de reconnaître les substitutions d'accords, les changements de *rails*.

Pouvez-vous mettre cet exercice sous nos yeux?

— Oui.

— Très-bien. On fait aussi répéter cet exercice dans tous les tons majeurs et mineurs les plus usités. Lorsque l'élève en est arrivé à la pratiquer sans peine, il doit avoir une bien plus grande facilité pour solfier...

FIN DU VINGT-SEPTIÈME ENTRETIEN.

VINGT-HUITIÈME ENTRETIEN.

SOMMAIRE. — Renversement des intervalles et de leurs modifications.— Nouveaux chiffres cabalistiques. — Curieux calculs.

LE MAITRE. Qu'est-ce que renverser un intervalle?

L'ÉLÈVE. C'est transporter la note supérieure à son octave en dessous, ou la note inférieure à son octave en dessus. Par exemple, de *do* à *mi*, en montant, il y a une tierce ; eh bien, en déplaçant le *mi* et le mettant à son octave en bas, on obtient une sixte; ce *do*, qui était note inférieure, devient note supérieure. Voyez plutôt.

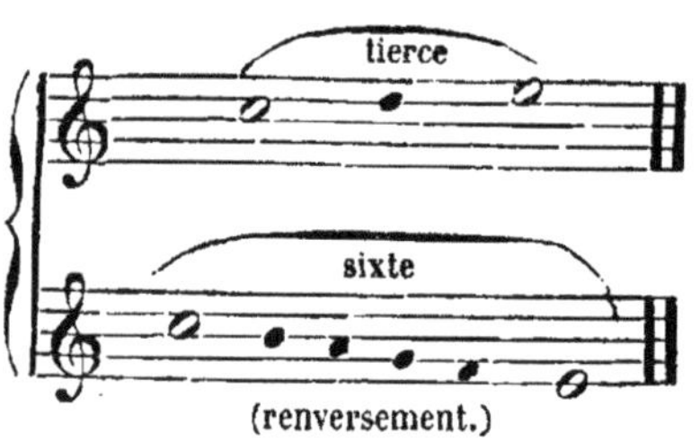

— N'est-on pas convenu de chiffrer chaque intervalle?

— Oui; c'est d'ailleurs nécessaire pour l'harmonie, qui est basée sur les mathématiques. L'*unisson*, qui se forme de deux notes du même son ou sur le même degré, prend le chiffre **1**; la *seconde*, un **2**; la *tierce*, un **3**; la *quarte*, un **4**; la *quinte*, un **5**; la *sixte*, un **6**; la *septième*, un **7**, et l'*octave*, un **8**.

Chaque chiffre d'un intervalle, joint à celui de son renversement, doit former, par addition, le nombre 9. Ainsi, la seconde renversée devient une septième.

Exemple :

La tierce renversée devient une sixte.

La quarte renversée devient une quinte.

La quinte renversée devient une quarte.

La sixte renversée devient une tierce.

La septième renversée devient une seconde.

L'octave renversée devient un unisson, c'est-à-dire que le son aigu de l'intervalle non renversé vient se fondre, par cette transposition, avec le son central ou point de départ. Exemple :

— C'est compris. Continuez vos curieux calculs. On ne se doute guère, dans la classe des frivoles, qu'il y ait tant de mathématiques en musique : nous en verrons de plus compliquées. Ce n'est ici que l'*abc*.

— Voici ce que j'ai encore observé. De même que le chiffre indicateur d'un intervalle, additionné avec le chiffre de son renversement, doit toujours donner le nombre 9 ; de même aussi les tons dont se compose l'intervalle non renversé, joints à ceux que renferme son renversement, doivent toujours fournir, par une semblable opération, cinq tons et deux *limma* (soit 7 tons, dont 2 plus petits que les autres), produit de la gamme ou échelle diatonique.

— A quoi ce calcul est-il utile ?

— Par son moyen, il est facile de savoir de combien de tons se compose le renversement d'un intervalle, quand on connaît le nombre de ceux que renferme l'intervalle non renversé ; car, lorsqu'on a trouvé la quantité de tons qu'il y a de la note *centrale* à la note supérieure de l'intervalle non renversé, puisque cette note supérieure est toujours transportée à son octave en bas (l'inverse serait possible, mais prouverait la même chose), le reste des tons qu'il faut passer pour former les cinq tons et les deux *limma* de l'échelle diatonique doit composer le reversement de cet intervalle.

Prenons la tierce majeure de *do* à *mi :* cette tierce contient deux tons ; renversez-la, vous en faites une sixte : comme cette sixte se trouve dans la même octave que la tierce, et qu'on n'a besoin que de cinq tons et deux *limma* pour toute la gamme, elle devra donc se composer (cette sixte) de trois tons et deux *limma*, qui, additionnés avec les deux tons de la tierce, produiront juste cinq tons et deux *limma*. Exemple :

La même opération s'applique à tous les intervalles.

— Votre explication est si minutieuse, qu'il est impossible de ne pas la comprendre.

Avez-vous fait d'autres remarques?

— Oui. Par ce renversement, presque tous les intervalles subissent des *altérations* qu'il est bon de constater.

Ainsi, la seconde majeure devient une septième mineure; la tierce majeure, une sixte mineure; la sixte majeure, une tierce mineure; la septième majeure, une seconde mineure; l'octave étant inaltérable, l'unisson doit l'être également; altérez une de ses notes, il ne sera plus unisson.

— Mais vous avez omis la quarte et la quinte?

— Parce qu'elles sont une exception à la règle générale. La quarte inaltérée, étant renversée, devient une quinte également inaltérée; la quinte inaltérée devient, par conséquent, lorsqu'elle est renversée, une quarte inaltérée.

— Pourquoi?

— Parce que ces deux intervalles sont les seuls qui, dans leurs altérations, n'aient ni *majeur*, ni *mineur;* ils ne sont susceptibles que d'*augmentation* ou de *diminution*.

— Passons maintenant au renversement des modifications d'intervalles.

— Le tableau suivant l'indiquera d'une manière exacte.

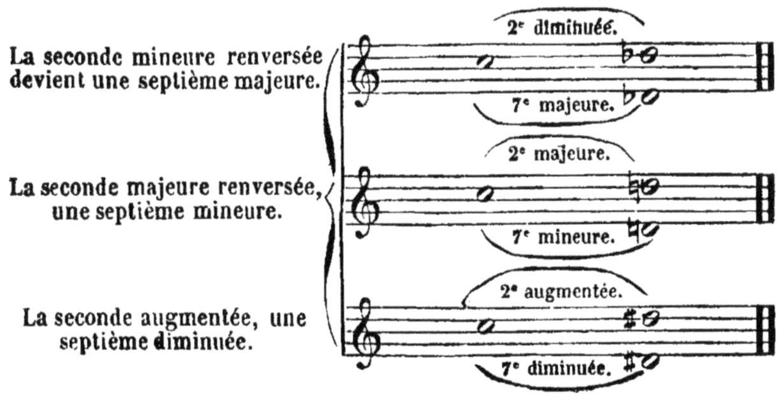

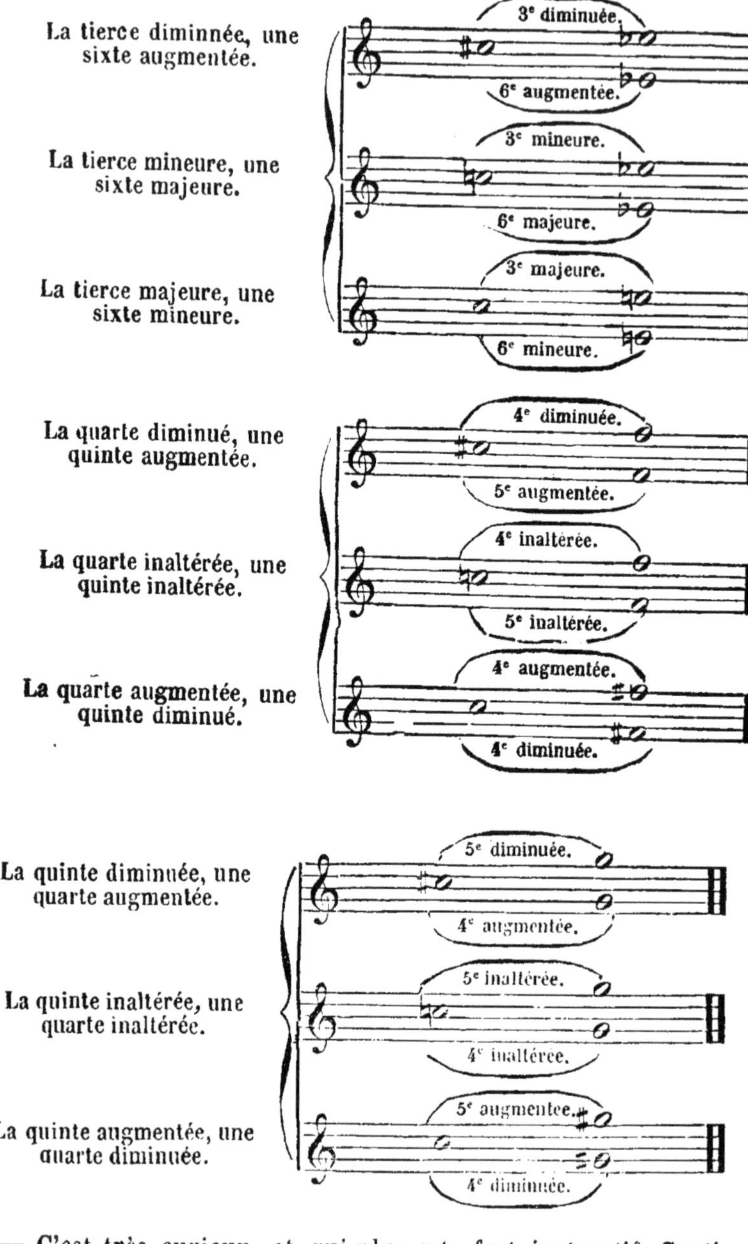

— C'est très-curieux, et, qui plus est, fort instructif. Continuez.

L'octave inaltérable devient toujours, par le renversement, un parfait unisson ; nous l'avions déjà prouvé.

— Bravo !... cette magnifique galerie prouve une fois de plus la richesse mélodique et harmonique de notre belle langue musicale. Nous y trouvons aussi, non sans un vif contentement, le moyen bien simple d'apprendre un intervalle difficile par un autre plus facile dont il est le renversement, ou qui est le sien. Par exemple, vous avez à attaquer des septièmes ascendantes ou descendantes, votre inexpérience vous fait redouter encore les sauts périlleux ; avant donc de franchir ces grands espaces, prenez vos précautions, essayez d'abord votre voix sur l'octave de l'intervalle redouté, puis faites-la sauter sans crainte sur l'intervalle lui-même. Cette préparation peut aussi se faire mentalement. Il est superflu de dire qu'elle est inutile aux acrobates de première force, ou, si vous l'aimez mieux, aux lecteurs consommés.

Comprenez-vous cette petite ruse de guerre ?

— Très-bien.

— Vous voyez que la connaissance des intervalles, de leurs altérations, de leurs renversements, sert à bien des choses. Il en est encore une essentielle pour devenir lecteur parfait. Pourriez-vous nous la dire?

— Oui, c'est la *dictée.*

— Y a-t-il plusieurs sortes de dictées musicales?

— Il y en a trois.

— Faites-nous faire connaissance avec elles.

— Très-volontiers. 1° la *dictée rhythmique;* 2° la *dictée solfiée;* 3° la *dictée vocalisée.*

— En quoi consiste la première ?

— Elle consiste en ceci : faire sentir à l'élève toute espèce de valeurs qu'on lui dicte à toutes les mesures, en en marquant les temps avec la main. Dans cet exercice, les notes sont parlées et non chantées : on peut même se contenter d'une seule. Pourvu qu'il devine les durées indiquées, c'est l'essentiel ; il n'est pas absolument nécessaire qu'il les écrive.

— En quoi consiste la seconde ?

— Elle donne également à deviner à l'élève toute espèce de valeurs ; mais, de plus, elle l'oblige à trouver la place que les notes, représentées par ces valeurs, doivent occuper sur la portée ; car cette dictée se chante, et il doit l'écrire pour s'habituer à copier la musique, et, par là même, posséder plus à fond son casier alphabétique. Cette écriture musicale est plus compliquée, plus difficile que l'écriture ordinaire.

— En quoi consiste la troisième ?

— Elle est on ne peut plus utile pour faire deviner à l'élève le son des notes en les lui chantant sur une seule voyelle. Cette dernière dictée demande, de la part du disciple, une grande délicatesse d'oreille ; les deux autres sont beaucoup plu saisissables pour beaucoup de personnes. Du reste, la dictée vocalisée renferme la dictée rhythmique : voilà ce qui la rend doublement difficile à comprendre, et pourtant elle est bien recherchée, car elle procure des jouissances indicibles.

— Rien de plus vrai. Vous sortez d'une séance musicale, votre mémoire, encôre enrichie des vers ravissants que vous venez d'entendre, va les laisser échapper ; rentré dans votre appartement, vous les écrivez à la hâte et dormez content ; le lendemain, nouveau plaisir en les répétant sur votre piano !...

Mais, à moins d'être privilégié de la nature, il faut parcourir une longue route avant d'en arriver là.

Commencez par donner un point de départ à l'élève en lui chantant l'accord parfait du ton ; puis dictez-lui simplement des intervalles, sans mesure aucune ; après quoi vous mêlerez des valeurs faciles à ces intonations dispositives : vous irez graduellement jusqu'aux combinaisons les plus compliquées ; enfin, vous en viendrez à dicter des chants accompagnés de paroles, et la terre, ainsi cultivée, portera des fruits. Cette quatrième période, qu'on pourrait appeler *dictée chantée*, ferme la marche : elle dénote, chez celui qui la parcourt avec succès, un instinct musical très-développé...

FIN DU VINGT-HUITIÈME ENTRETIEN.

VINGT-NEUVIÈME ENTRETIEN.

SOMMAIRE. — Revue rétrospective (première partie). — Histoire de notre alphabet. — Excursion dans le domaine du plain-chant; ses points de contact avec la musique.

LE MAITRE. Comment peut-on altérer le son d'une note, l'élever ou l'abaisser?

L'ÉLÈVE. Par le dièse ou le bémol : le premier élève la note naturelle d'un *apatome* (5/9es de ton), le second l'abaisse d'autant.

— Et quand on veut la remettre dans son état primitif?

— On se sert du bécarre, qui a la propriété de détruire l'effet du dièse et du bémol.

— Y a-t-il plusieurs sortes de dièses ou de bémols?

— Il y en a deux : les fixes et les accidentels; les premiers se placent à la clé pour constituer le ton, et altèrent, pendant tout le morceau, les notes dont ils occupent les lignes ou les interlignes; les seconds s'emploient dans le courant du morceau, soit pour euphonie, soit pour changer accidentellement le ton ou le mode; ils n'ont de valeur que dans les mesures où ils se trouvent.

— Combien y a-t-il de dièses et de bémols?

— Ils n'y a qu'un dièse et qu'un bémol, en réalité; mais ils ont, chacun, sept positions différentes, puisqu'ils prennent le nom des sept notes de la gamme, toutes susceptibles d'être altérées par eux.

— Suivent-ils l'ordre des degrés de l'échelle diatonique?

— Non; ils se placent de quinte en quinte en montant (les dièses), ou de quinte en quinte en descendant (les bémols).

— Pourquoi cet ordre?

— Parce qu'ils doivent suivre la marche des tons diésés ou bémolisés, qui se succèdent de la sorte. Le *fa dièse* est à la tête de ses pareils, parce que c'est lui dont on a besoin d'abord; les autres apparaissent à mesure qu'ils sont nécessaires pour la formation des gammes.

Voici toute la troupe :

Fa ♯, *do* ♯, *sol* ♯, *ré* ♯, *la* ♯, *mi* ♯, *si* ♯ .

Le *si* ♭ marche avant ses semblables, par la même raison.

Voici le petit régiment :

Si ♭, *mi* ♭, *la* ♭, *ré* ♭, *sol* ♭, *do* ♭, *fa* ♭.

— Qu'est-ce qu'un double-dièse?

— C'est un signe qui hausse encore d'un *apotome* le son d'une note déjà diésée.

— Qu'est-ce qu'un double-bémol?

— C'est un signe qui abaisse encore d'un *apotome* le son d'une note déjà bémolisée.

— Se placent-ils à la clé?

— Non.

— Pourquoi?

— Parce qu'il y a déjà autant de dièses et de bémols simples que de notes dans la gamme.

— A quoi servent-ils donc?

— Les premiers, à former la septième sensible accidentelle des tons mineurs armés d'un certain nombre de dièses; les seconds s'emploient dans les passages enharmoniques, et par euphonie : les uns et les autres servent aussi dans certaines gammes chromatiques.

— Y a-t-il des doubles bécarres?

— Non : car on ne passe jamais, tout à coup, d'une note doublement diésée ou doublement bémolisée à la note naturelle; et, lors même qu'il en serait ainsi, le bécarre simple remplirait très-bien la place.

— Qu'entend-on par *tonalité?*

— On entend la *constitution*, la *construction* même des gammes.

— Quand on vous dit : cette romance est dans le *ton de sol*, qu'entend-on par là?

— Tout simplement que la mélodie en question est composée des éléments de la gamme de *sol*.

— La tonalité que nous avons aujourd'hui a-t-elle toujours existé?

— Non, pas avant Monteverde; c'est pourquoi on l'appelle *tonalité moderne*, par opposition à celle des Grecs, qu'on nomme, cela va sans dire, *ancienne tonalité*.

— Les Grecs avaient-ils des *tons* proprement dits?

— Non : ils n'avaient que des *modes*, et tous mineurs, d'après l'opinion de leurs écrivains didactiques; ces modes étaient au nombre de quinze.

— N'est-ce pas la tonalité grecque qui a donné naissance à celle du plain-chant?

— Oui, certainement; les huit *modes* de cette dernière sont tirés des quinze de l'ancienne : seulement, il y en a quatre majeurs et quatre mineurs.

— Qu'est-ce qui distingue, en principe, la tonalité du chant ecclésiastique de notre tonalité moderne?

— Dans la première, il n'y avait pas d'abord de septième sensible, par une bonne raison, c'est qu'elle n'était pas inventée; or, la septième sensible est la source des accords dissonants (1) qui forment le type particulier de la seconde tonalité; par conséquent, l'harmonie plagale du plain-chant n'avait point de dissonances, procédait toute par un accord parfait, ou, si vous voulez, par consonnances et par mouvements contraires, afin d'éviter une succession d'octaves ou de quintes.

— Qu'est-ce qu'un *mouvement contraire*, en harmonie?

— C'est lorsqu'une ou plusieurs notes des parties supérieures ou du *médium* descendent pendant que les notes de la basse montent, *et vice versâ*.

Exemple d'un mouvement contraire sur le piano :

(1) Autres que l'accord parfait ou ses renversements, ceux qui ont besoin de *préparation* et de *résolution*, c'est-à-dire d'être précédés et suivis d'un accord consonnant.

— Donnez-nous une idée de l'échelle diatonique du plain-chant.

— Voici :

— Pourquoi mettez-vous *ut* au lieu de *do?*

— Parce que la première note de la gamme a porté ce nom pendant des siècles, parce qu'on l'a mieux respecté dans le plain-chant que dans la musique.

— Pourquoi, depuis vingt-cinq à trente ans, la France a-t-elle adopté le nom de *do* au lieu du nom d'*ut?*

— Parce que l'Italie l'avait mis à la mode, et que notre pays, où le génie de l'invention court les rues, ne raffole pas moins de l'imitation.

— Quel fut le prôneur de ce fameux *do?*

— Garaudé, qui ne voyait là qu'un hommage à l'euphonie. Mais le *si* n'est pas plus euphonique que l'*ut;* il fallait donc le changer pour le même motif. En fait, il n'y avait pas de raison plausible pour adopter le *do*, tandis qu'il y en avait beaucoup pour conserver l'*ut*.

— Vous dites vrai. D'ailleurs l'élève doit s'habituer aux syllabes dures, sifflantes, comme aux syllabes douces ou sonores; il en rencontrera, dans sa langue maternelle, autant et plus des premières que des secondes.

Le *mi*, moins favorable que l'*ut* à l'émission du son, a bien été conservé.

Voici, du reste, l'histoire de notre ingénieux alphabet; plusieurs auteurs la regardent comme apocryphe. Guido d'Arezzo, qui naquit, selon les uns, à la fin du xe siècle, et, selon les autres, au commencement du xie, ayant remarqué la disposition des premières syllabes de chaque vers dans la première strophe d'une hymne à saint Jean-Baptiste, composée par l'évêque Paul d'Aquilée, qui vivait peu de temps après Boëce; Guido, dis-je, se servit de ces syllabes pour faciliter la lecture des six premiers sons de la gamme aux enfants de chœur qu'il dirigeait. Voilà pour l'origine des noms de la plupart de nos notes ; voyons maintenant la strophe en question :

Ut—queant laxis
Re—sonare fibris
Mi—ra gestorum
Fa—muli tuorum,
Sol—ve polluti
La—bii reatum,
SANCTE JOANNES.

Après plusieurs siècles de tâtonnements, à la suite d'un long déluge de méthodes plus ou moins absurdes sorties péniblement de cerveaux malades, le tout pour proposer un moyen de régulariser la division de la gamme (soumise alors aux lois de l'exacorde (1), et d'exécuter plus facilement la septième note, qui était sans nom, un maître de musique français, appelé Jean Lemaire, inventa, dit-on, vers le milieu du XVIIe siècle, la syllabe *si*, trop longtemps désirée. Comme résultat de si pénibles recherches, on aurait pu découvrir quelque chose de mieux. Guido lui-même n'aurait pas eu grands frais de génie pour trouver de suite une septième syllabe ; il aurait évité bien des peines stériles à tous ces faux bénédictins, qui s'amusèrent, pendant près de six siècles, à bouleverser la gamme, à enfanter des théories impossibles, dont la presse a bien gémi depuis l'invention de Guttemberg !...

Mais revenons au plain-chant. Vous savez sa généalogie : la musique des Grecs anciens donna naissance au chant ecclésiastique, qui engendra la musique sacrée, dont vient en droite ligne la musique profane. Il est donc utile de nous occuper un peu de notre aïeul.

— Le plain-chant s'écrit-il sur une *portée* semblable à la portée musicale ?

— Non, pas tout à fait ; la sienne n'a que quatre lignes.

Exemple :

(1) Du grec : *ex*, six, et *cordé*, corde.

— Combien possède-t-il de figures de notes ?

— Trois : la longue, la brève, et la *semi-brève*.

Dans certains chants figurés, sorte de plain-chant plus orné, presque musical, on rencontre une autre figure, appelée la *minime* ; elle ne se distingue de la *semi-brève* que par une queue.

— Combien y a-t-il de clés dans le plain-chant ?

— Deux : la clé d'*ut* et la clé de *fa*. La première se pose sur la 4e ligne et sur la 3e, la seconde, sur la 3e seule. Exemple :

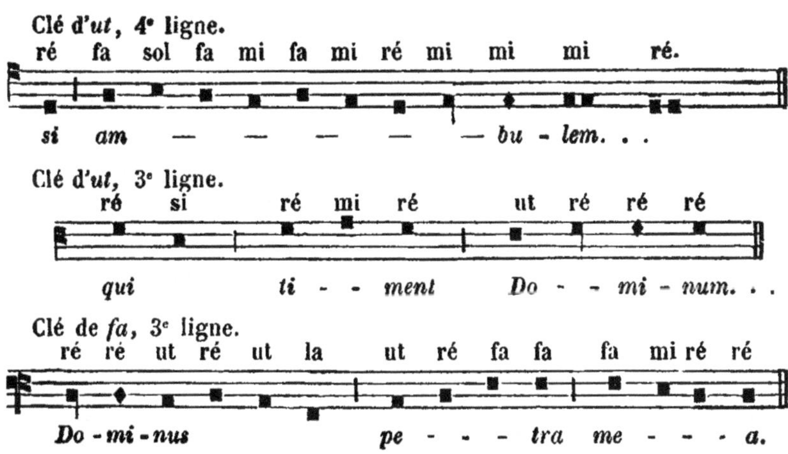

— Pour apprendre les notes du plain-chant, par quelle clé commence-t-on ?

— Par la clé de *fa*, si l'on veut ; elle donne le nom des notes une tierce au-dessous de la clé d'*ut* 4e ligne, et une quinte au-dessous de la clé d'*ut* 3e ligne.

— Mettez-nous sous les yeux la gamme d'*ut*, écrite sur les trois clés.

— Voici :

Clé d'*ut*, 3e ligne.

— Se sert-on de *mesures*, dans le plain-chant?

— D'une seule, la mesure à *un temps;* c'est-à-dire qu'on escamote le *levé;* qu'on emploie seulement le *frappé*, qui se renouvelle à chaque note ordinaire. Le mouvement est presque toujours grave. Toute brève ou note carrée sans queue vaut un temps ou une mesure; toute longue ou note carrée avec queue vaut une mesure et demie; la semi-brève ou figure de note en losange, qui suit ordinairement la longue, ne vaut qu'une demi-mesure ou un demi-temps. Si deux brèves se touchent, à la fin d'une *intonation*, d'un *verset*, d'une *antienne*, dans une *terminaison* quelconque, elles ne forment, pour ainsi dire, qu'une seule note, qui devient une espèce de *maxime*, et se prolongent pendant deux temps ou deux mesures.

Effet produit par ces diverses valeurs :

— Dans certaines *hymnes* et *proses*, n'existe-t-il pas intrinsèquement une mesure tout à fait musicale?

— Oui, lorsque les strophes sont composées de brèves et de semi-brèves se succédant sans cesse. Exemple :

— Très-bien. Vous remarquerez que la clé de *fa* du plain-chant a beaucoup de rapport avec la nôtre : supposez une ligne de plus au-dessous de la portée, et vous pourrez vous la figurer toute semblable. La clé d'*ut* 4e ligne vous apparaîtra comme la nôtre, en lui supposant une ligne de plus au-dessus de la portée. Enfin, la clé d'*ut* 3e ligne ressemblera de même parfaitement à notre clé de *do* 3e ligne, si vous imaginez une ligne de plus au-dessus de la portée. Voilà trois points de comparaison qui peuvent servir pour l'étude du plain-chant.

FIN DU VINGT-NEUVIÈME ENTRETIEN.

TRENTIÈME ET DERNIER ENTRETIEN

SOMMAIRE. — Revue rétrospective (deuxième et dernière partie).

LE MAITRE. Quel est le fondement de la gamme actuelle? quelle est sa charpente?

L'ÉLÈVE. Ce sont les *tonales* ou notes constitutives du ton, savoir : la tonique, la quarte et la quinte.

— Qu'est-ce qui constitue le *mode* ou manière d'être du ton?

— Ce sont les *modales,* puisque, d'après leur plus ou moins grand éloignement des tonales, elles déterminent le majeur ou le mineur.

— Combien y en a-t-il?

— Trois : la tierce, la sixte et la septième.

— Quel est le modèle des gammes majeures?

— *Do* naturel.

— Et des gammes mineures?

— *La* naturel.

— Énumérez les gammes majeures et mineures avec dièses ou bémols?

— Avec dièses	7 gammes majeures.
idem.	7 mineures.
Avec bémols.	7 majeures.
idem.	7 mineures.
Report	2 gammes modèles.
Et.	1 chromatique.
TOTAL.	31

— Il n'y a donc qu'une seule gamme chromatique?

— On pourrait dire qu'il y en a trente; car chaque gamme ordinaire, toute divisée par *apotomes* et *limma,* se transforme en gamme chromatique.

— Dites-moi dans quel ordre se succèdent les gammes diésées et bémolisées.

— Les tons diésés se succèdent de quinte en quinte en montant; les tons bémolisés, de quinte en quinte en descendant.

— Pourquoi?

— Parce que c'est l'ordre progressif dans lequel ils se dénaturent de plus en plus.

Sol majeur, par exemple, qui est à une quinte au-dessus de *do*, demande un dièse pour se modeler sur cette gamme-type ; *ré* majeur, une quinte au-dessus de *sol*, en demande deux; *la* majeur, une quinte au-dessus de *ré*, en demande trois; ainsi de suite.

Fa majeur, sous-dominante de *do*, ne peut se passer d'un bémol, s'il veut marcher sur les traces de son maître; *si* bémol, une quinte au-dessous de *fa*, n'en réclame pas moins de deux; *mi* bémol, une quinte au-dessous de *si* bémol, en exige trois, etc.

— Très-bien ; vous vous remettez facilement en mémoire tous les principes étudiés dans le cours de nos entretiens. Nous sommes à cheval sur la construction et la marche des gammes : n'existe-t-il pas entre elles quelques liens de parenté?

— Il en existe beaucoup.

— On peut donc passer accidentellement des unes dans les autres?

— Oui.

— Par quel moyen?

— En formant ou en détruisant des septièmes sensibles : c'est ce qu'on appelle improprement *moduler*. Ainsi la modulation, suivant l'acception vulgaire, n'est autre chose que la préparation régulière d'un changement de *ton* ou de *mode*.

— Ceci n'est-il pas autant du domaine de l'harmonie que de la mélodie?

— Sans doute.

— Qu'est-ce que la *mélodie?*

— C'est une heureuse combinaison de sons et de valeurs qui, entendus successivement, charment l'oreille et délectent l'âme.

— Qu'est-ce que l'*harmonie?*

— C'est tout à la fois la science et le produit des accords.

— Qu'est-ce qu'un accord?

— C'est le résultat de différents sons entendus simultanément, et qui se marient bien ensemble.

— Quels sont les principaux accords ?

— L'accord de tierce, l'accord parfait, ceux de septième dominante, de neuvième et de onzième.

— Il y en a bien d'autres, fort utiles; le moment viendra de vous les faire connaître... Qu'est-ce que l'*harmonie théorique?*

— C'est la réunion de toutes les familles d'accords et des lois qui les régissent.

— Qu'est-ce que l'*harmonie pratique?*

— L'emploi de ces accords, leur enchaînement plus ou moins heureux dans une pièce de musique.

— Est-il nécessaire de savoir un peu d'harmonie pour bien solfier ?

— C'est indispensable.

— Quel est le moyen le plus sûr, le plus court, pour en comprendre toutes les sinuosités, pour les saisir aussi bien avec les yeux qu'avec l'oreille ?

— C'est, avec l'aide d'un bon maître, de plaquer des accords sur le piano, de les marier, de les faire aller progressivement par toutes les routes classiques; c'est de s'habituer, en tâtonnant, aux éléments de l'improvisation.

— Qu'est-ce que l'*improvisation?*

— Improviser des vers, un discours, c'est les inventer en les débitant sans préparation aucune; en musique, ce doit être de même.

— Vous dites vrai. Si vous chantez d'inspiration un air original, entièrement neuf, que nulle oreille n'a jamais entendu, vous faites de l'improvisation : vous en faites encore de plus difficile, si vous inventez, en jouant du piano, quelque mélodie, quelque valse charmante avec un accompagnement convenable. Dans nos études harmoniques, nous nous étendrons beaucoup plus sur ce sujet plein d'attraits.

Revenons encore aux gammes. Dites-nous les diverses manières de reconnaître dans quel ton est écrit un morceau de musique ?

— Voici d'abord les anciennes : regarder l'armure.

— Et s'il n'y en a pas?

— Alors on ne peut être qu'en *do* majeur ou en *la* mineur.

— Et si le copiste ou le graveur se sont trompés?

— On s'oriente, en cherchant, dans le morceau même, l'absence ou l'apparition d'une septième sensible.

— Continuez.

— S'il y a des dièses à la clé, prendre le dernier pour septième sensible. S'il y a plusieurs bémols, choisir l'avant-dernier pour tonique; s'il n'y en a qu'un, aller chercher cette même tonique quatre degrés au-dessous de lui.

— Comment distinguez-vous le mineur relatif du ton majeur dont il dérive?

— En apercevant un signe altératif à la quinte de ce dernier, laquelle deviendra la septième sensible du premier. Si, au contraire, la dominante du majeur est intacte, nous serons sûrs de ne pas être dans le mineur relatif.

— Quelles sont les autres manières, plus nouvelles et peut-être plus infaillibles encore?

— Chercher d'abord, à l'entrée du morceau, l'accord parfait du ton, voir si la première tierce est majeure ou mineure, et, dans le cas où sa quinte serait altérée, s'assurer si c'est bien une septième sensible accidentelle qu'on veut introduire, ou seulement une décoration euphonique, une sorte d'appoggiature; mais surtout découvrir la note fondamentale de la basse, qui, parfois, se cache au premier regard. Enfin, si tous ces jalons manquent en même temps, poursuivre un peu son chemin, et les indices ne tarderont pas à se montrer.

— Combien y a-t-il de manières d'exécuter la musique vocale?

— Trois : la première consiste à donner aux *sons* le nom des notes qu'ils représentent; la seconde, à les émettre sur une seule voyelle; la troisième, à les accompagner de paroles.

— Est-il difficile d'apprendre à solfier?

— Pour les organisations d'élite, non; pour les élèves moins bien doués, oui, puisqu'il faut songer à la fois au nom des notes, à leur intonation et à leur durée.

— Est-il possible de devenir bon lecteur en s'exerçant seul, au moyen d'un instrument?

— Avec des dispositions extraordinaires, oui; sans cela, non. Il est même imprudent, pour le plus grand nombre, d'étudier quand le professeur n'est pas là, prêt à les remettre dans la bonne voie s'ils attaquent la note à côté du ton. Autrement, qui les avertira? le piano? Mais, d'abord, il est rarement bien juste; puis les novices, dont l'oreille ne peut être très-exercée, croiront imiter la note de l'instrument, tandis qu'ils l'écorcheront.

— Est-il dangereux de forcer sa voix?

— Très-dangereux : c'est le vrai moyen de la perdre ou de la fausser. Il faut chanter naturellement, sans effort; avoir le talent d'aspirer avec mesure un volume d'air assez considérable pour alimenter les poumons, puis ne pas le lâcher tout à la fois, le retenir quand il s'échappe; ouvrir la bouche comme pour sourire, desserrer les dents, abaisser la langue le plus possible, et laisser un libre passage au son, qui ne doit jamais être tiré de la gorge.

— C'est cela même. L'*aspiration* (moment où l'on attire l'air du dehors dans les poumons) et l'*expiration* (moment où on l'en laisse sortir, où sa puissance *expire* peu à peu) constituent ce qu'on appelle la *respiration,* et peuvent être comparées à l'action d'*enfler* et de *désenfler* graduellement un soufflet. Pour arriver à bien respirer en chantant, ne faut-il pas une longue étude?

— C'est une des parties les plus difficiles de la science pratique du chant.

— Est-il nécessaire de connaître toutes les clés?

— Oui, si l'on veut être excellent musicien et transposer à volonté; c'est surtout utile pour les pianistes accompagnateurs et les musiciens d'orchestre, à qui les chanteurs de salon ou de théâtre, pour le moindre enrouement, demandent de transposer leurs morceaux.

— Qu'est-ce que la *transposition?*

— C'est l'action de supposer un ton à la place d'un autre, un changement de clé et d'armure; ou bien encore de transcrire d'avance, sur le papier, le ton nouveau qu'on substitue à l'ancien.

— La dictée ne produit-elle pas aussi de beaux résultats?

— Oh! certainement.

— Combien y a-t-il de sortes de *dictées?*

— Quatre : la dictée rhythmique, la dictée solfiée, la dictée vocalisée et la dictée chantée. Quand un élève, doué de quelques dispositions naturelles, a suivi pendant longtemps des dictées raisonnées sur tous les rhythmes et intonations imaginables; qu'il a solfié, sur toutes les clés, les leçons les plus compliquées, il peut se regarder comme parfait musicien, et jouir, tout à son aise, du plaisir de lire une partition, comme un littérateur le ferait d'une page de Lamartine ou de Chateaubriand...

FIN.

Lagny — Typographie de A. Varigault et Cie.

TABLE DES MATIÈRES

Pages

AVANT-PROPOS. 1

Premier entretien. — Définition de la musique. — Du son qui n'est qu'un *bruit*, et du bruit *musical*. — Alphabet de la langue des sons. — Gamme ou échelle diatonique. — Ton. — Intervalles naturels de la gamme. — Écriture musicale. — Figures de notes; leur valeur intrinsèque et relative. — Point d'accroissement. — Triolets et sextolets 5

Deuxième entretien. — Figures de silence. — Leur rapport de durée avec les figures de notes. — Portée 11

Troisième entretien. — Clés. — Moyen d'apprendre les notes. — Des différentes clés : en quoi elles sont utiles. — Diapason des voix et des instruments. 17

Quatrième entretien. — Raison mathématique de la position des diverses clés sur la portée. — Du rhythme. — De la mesure. — Barres de mesure. — Barres de séparation ou barres finales. . 21

Cinquième entretien. — Mesures simples ou primitives; leur indication à la clé; leur unité de note et de silence. — Des temps. — Manière de battre la mesure 25

Sixième entretien. — Mesures composées et dérivées; leur rapport avec les mesures simples; fonctions de leurs chiffres indicateurs; leur unité de note et de silence; la division de leurs temps; leur utilité plus ou moins grande. 29

Septième entretien. — Résumé des mesures composées et dérivées. — Règles à suivre pour savoir comment battre toutes les mesures. — Importance de la mesure à cinq temps; son avenir. . 33

Huitième entretien. — Du mouvement en musique; ses indications, ses variétés 40

Neuvième entretien. — Suite des indications et variétés du mouvement; son influence sur le rhythme, sur l'essence de l'œuvre musicale. 44

Pages.

Dixième entretien. — De l'expression. — Des nuances. — De l'accent. — Leurs indications par mots et par figures; leur importance dans le discours musical. 47

Onzième entretien. — Des notes d'agrément : l'*appoggiature*, le *mordant*, le *grupetto*, le *trille*. 51

Douzième entretien. — De la roulade. — Du genre diatonique, chromatique et enharmonique. — Point d'orgue; son étymologie; ses variétés. 56

Treizième entretien. — Des piqués, des détachés et des coulés. — Manière de lier les notes sur le piano. — Du renvoi. — De la reprise. — Du guidon. — De l'accolade. — Des abréviations de notes et de silences 60

Quatorzième entretien. — Des temps forts et des temps faibles. — De la syncope; ses variétés; ses effets. — Syncopes régulière et brisée. — Succession de syncopes formant une marche à contre-temps. 66

Quinzième entretien. — Coup d'œil rétrospectif. — Résumé complémentaire des entretiens précédents. Ire partie. 73

Seizième entretien. — IIe partie et fin du résumé complémentaire des quatorze premières leçons. 80

Dix-septième entretien. — Altération des sons par le dièse et le bémol. — Définition de ces signes. — Leur emploi fixe ou accidentel. — Dans quel ordre on les place à la clé. — Raison logique de cette combinaison. — Division mathématique du ton. — Définition du bécarre ; son utilité. — Le double dièse et le double bémol. — Y a-t-il un double bécarre? 87

Dix-huitième entretien. — Des diverses acceptions du mot *ton*. — Tonalité moderne. — Notes tonales. — Notes modales. — Gamme modèle des tons majeurs. — Gamme modèle des tons mineurs. — Construction logique de cette dernière. — Ton principal et ton relatif. 94

Dix-neuvième entretien. — Ordre de succession des gammes diésées et bémolisées. — Raison mathématique de la position respective des dièses et des bémols. Ire partie. 100

Vingtième entretien. — Raison mathématique de la position respective des dièses et des bémols. IIe partie. — Énumération de toutes les gammes majeures et mineures. — Tableau de leur relativité 106

Vingt et unième entretien. — Moyen de reconnaître le ton d'un morceau de musique : 1° par l'armure; 2° par la basse fondamentale; 3° par l'accord parfait; 4° par l'altération de la dominante. 115

Pages

Vingt-deuxième entretien. — Parenté des gammes. — Rapports enharmoniques ou synonymie. — Modulation. — Transition. — Mélodie. — Harmonie. — Noms caractéristiques des huit degrés de la gamme diatonique. 123

Vingt-troisième entretien. — Enchaînement des tons ou gammes. — Modulations diatoniques et enharmoniques. — Tableau des mariages musicaux. — Réflexions à ce sujet 128

Vingt-quatrième entretien. — Solfége, vocalise, chant. — Mémoire des notes. — Justesse de l'oreille et de la voix. — Sentiment de la mesure. — Histoire d'une oreille fausse. — Maladie de l'ouïe. — Maladie du larynx. — Dangers d'une mauvaise direction vocale. — Un miracle. — Duprez. — Instinct musical des Allemands et des Italiens. 134

Vingt-cinquième entretien. — Épreuves vocales. — Secret pour ouvrir avec toutes les clés; diapasons qu'elles représentent. 142

Vingt-sixième entretien. — Nécessité de connaître toutes les clés. — Transposition à vue. — Transposition écrite ou préparée. — Transposition double sur le piano; simplification de son emploi. — Intonation. — Altération des intervalles; ses effets. 150

Vingt-septième entretien. — Nécessité d'avoir quelques notions d'harmonie pour bien solfier. — Conseils pratiques à ce sujet. — Accords détaillés. — Accords plaqués. — Voyage en différentes gammes par la simple altération des notes 160

Vingt-huitième entretien. — Renversement des intervalles et de leurs modifications. — Nouveaux chiffres cabalistiques. — Curieux calculs. 166

Vingt-neuvième entretien. — Revue rétrospective. Ire partie. — Histoire de notre alphabet. — Excursion dans le domaine du plain-chant; ses points de contact avec la musique. 174

Trentième et dernier entretien. — Revue rétrospective. IIe et dernière partie. 182

FIN DE LA TABLE.

Lagny. — Typographie de A. Varigault et Cie.

SPÉCIALITÉ

DE

DÉPOTS DE MUSIQUE

POUR LES COMPOSITEURS

MAGASIN DE MUSIQUE

DE

E. LEDENTU

A PARIS, 46, RUE MESLAY, 46

Lagny. — Typographie de A. Varigault et Cie.

www.ingramcontent.com/pod-product-compliance
Ingram Content Group UK Ltd.
Pitfield, Milton Keynes, MK11 3LW, UK
UKHW021140260726
13994UKWH00001B/231

9 782329 431079